Gebrannte Möhre *oder* die Küche der Leidenschaft

Herausgeber
Michael Bonewitz und Dirk Maus

Fotos
Sascha Kopp
sascha.kopp@t-online.de

Grafisches Konzept, Layout & Satz
Agentur 42 | Konzept & Design
mail@agentur42.de | www.agentur42.de

Druck & Herstellung
gzm – Grafisches Zentrum Mainz Bödige GmbH
info@gzm-mainz.de | www.gzm-mainz.de

Verlag & Vertrieb
Bocom – Verlag Bonewitz
michael@bonewitz.de | www.bonewitz.de

ISBN 978-3-9811590-5-9

© 2009 Bocom – Verlag Bonewitz

Nachdruck nur mit Genehmigung des Verlags

Gebrannte Möhre *oder* die Küche der Leidenschaft

....
Ein Kochbuch von Dirk Maus

Bocom – Verlag Bonewitz

Inhalt

Editorial 9

Visionen mit Leben füllen
Ein Rheinhesse in Mainz 13

Dirk Maus lüftet sein Küchengeheimnis
Eine Frage des Garens 22

Meine Philosophie ist das Produkt
Erfolg braucht ein eingespieltes Team 32

Kulturgeschichte der Mainzer Küche
Multikulti seit Jahrhunderten 40

VORSPEISEN 47

№ 01 **Karamellcrème vom Lachs, Carpaccio**
Orangenfenchel, Thymianeis 49

№ 02 **Marinierte Saiblingsstreifen**
Avocadochip, Blumenkohl-Anis-Mousse 51

№ 03 **Sardinenfilets mit Limonen, Koriander**
Kartoffel-Oliven-Plätzchen 53

№ 04 **Carpaccio vom Damwild**
Basilikumeis, Zitruscroûtons 55

№ 05 **Variation von Krustentieren**
Safran, Tonkabohne, Kardamom 57

№ 06 **Gebrannte Möhre**
Taubensalat 59

№ 07 **Gänseleber**
Aal, tasmanischer Pfeffer 61

№ 08 **Flusskrebseis**
Melonengranite 63

№ 09 **Rheinhessen-Sushi**
Saibling, Hagebutte, Blutwurst 65

FISCH 67

№ 10 **Rotbarbe mit Confit-Tomaten**
Kräuteröl 69

№ 11 **Garnele und Spargel im Brotmantel**
Bärlauchschaum 71

№ 12 **Jakobsmuschel in Pinienkernsauce**
Wildreisgaletten 73

№ 13 **Wolfsbarschfilet**
Lauch-Kartoffel-Ragout 75

№ 14 **Zander, Krustentier**
Blumenkohl-Anis-Püree 77

№ 15 **Meeräsche unter der Pinienkernkruste**
Rote Bete, Vanille 79

№ 16 **Gefüllte Calamaretti**
Salat von Kalbszunge 81

№ 17 **Thunfisch, Seeteufel**
Soja, Sake 83

№ 18 **Thunfisch mit Koriander gebeizt**
Erdnusspesto 85

| | **FLEISCH** | **87** |

№ 19 **Biorind**
Gemüsechutney, Lauch 89

№ 20 **Praline vom Kalb**
Keniabohnen 91

№ 21 **Lammkarree mit Pestohaube**
Käsepolenta 93

№ 22 **Lammrücken in Ziegenmilch**
Kichererbsen, Minze 95

№ 23 **Rehrücken mit marinierten Steinpilzen**
schwarze Schalotten 97

№ 24 **Kotelett vom Hirschkalb**
Minizwiebeln 99

№ 25 **Honigente auf karamellisiertem Blumenkohl**
Karottengemüse 101

№ 26 **Taube in Bergpfeffer**
Petersilienpüree 103

| | **NACHSPEISEN** | **105** | | **GRUNDREZEPTE** | **127** |

№ 27 **Lauwarmes Schokoladenküchlein**
Hagebutteneis 107

№ 28 **Panna cotta**
Birnenragout 109

№ 29 **Haselnusssoufflé**
Boskop-Apfel, Trester 111

№ 30 **Rheinhessische Sachertorte**
Maulbeer-Allerlei 113

№ 31 **Sachertorte**
Lavendel, Quitte 115

№ 32 **Dreierlei Crème brûlée**
Kokos, Schoko, Ingwer 117

№ 33 **After Eight**
mal anders 119

№ 34 **Pralinen**
Variationen 121

№ 35 **Pralinen**
Variationen 123

№ 36 **Pralinen**
Variationen 125

№ 37 **Grundrezepte**
Dunkler Fleischfond/
Dunkle Grundsauce 129

№ 38 Fischsauce/-fond 131

№ 39 Farce 133

№ 40 Pesto und mehr 135

ANHANG **137**

Das Team 139

Mitwirkende 140

Glossar 142

Editorial

Kochen ist eine Leidenschaft – das schmeckt man, das fühlt man, das sieht man, das riecht man, das spürt man mit allen Sinnen.

Manchmal ist Kochen so leicht wie ein Kinderspiel, manchmal aber auch so komplex wie eine Sinfonie von Ludwig van Beethoven. Beides kann ungeheuer viel Spaß machen: diese kleinen, pfiffigen Entrées genauso wie die aufwändig inszenierten Hauptspeisen.

Wer Feuer gefangen hat als Koch am eigenen Herd, der will auch mal tiefer in die Töpfe der Profis blicken. Der will die Tricks und Kniffe der Spitzenköche kennenlernen. Der will wissen, auf was es ankommt – wie die wahren Könner mit wenigen Handgriffen und ausgesuchten Zutaten ein Gericht komponieren, das buchstäblich auf der Zunge zergeht.

Kochen ist eine Leidenschaft – das schmeckt man, das fühlt man, das sieht man, das riecht man, das spürt man mit allen Sinnen. Und längst sind die Restaurantbesuche bei den Meistern ihres Fachs keine ehrfurchtsgebietenden Huldigungen mehr. Weg mit den Platztellern, weg mit der steifen Atmosphäre, kein Plüsch und vor allem, keine Angst vor Spitzenköchen.

Viele gehen essen, weil sie Frische und Qualität, Können und Kunst, Bekanntes mit neuen Akzenten suchen. Da sitzt der betuchte Rechtsanwalt samt Gattin neben der aufgeweckten Studentin mit ihrem Freund, die ihr Erspartes in ein Fünf-Gänge-Menü investieren. Schwarzer Anzug neben Jeansrock und Poloshirt – heute ist alles möglich. Auch auf dem Teller. Leberwurstravioli neben Belugalinsen, Rheinhessen-Sushi neben Rehrücken auf marinierten Steinpilzen.

Im Hintergrund wirbelt eine neue Generation von Spitzenköchen – Individualisten, unverkrampft, mutig, witzig, innovativ, kreativ, manchmal ein bisschen verrückt, aber jederzeit hochprofessionell. Dirk Maus ist einer von ihnen, der seinen Beruf liebt, lebt und Lust hat, über den Tellerrand hinaus zu blicken. Der einstige Hilton-Maître hat sich innerhalb weniger Monate in die oberste Kochliga gespielt. Mit unermüdlichem Enthusiasmus treibt er sein Team nach vorne und verblüfft Gäste und Kritiker gleichermaßen.

»Bei mir gibt es keine Scholle hochkant«, gesteht er, »sondern ehrliche, nachvollziehbare Rezepte.« Intensiv hat sich Dirk Maus in die Techniken der schonenden Niedriggarmethode eingearbeitet und in unzähligen Versuchen die optimalen Temperaturen für das richtige Garen von Fleisch, Fisch und Geflügel ermittelt und präsentiert sie in diesem Buch.

Angereichert mit praktischen Tipps, einfachen aber auch hoch anspruchsvollen Rezepten, ist die Kochschule von Dirk Maus sowohl für den ambitionierten Einsteiger als auch für den engagierten Profi eine echte Bereicherung.

Seine Philosophie: Das Produkt ist alles. Das optimale Stück Fleisch, der beste Fisch, das passende Gemüse, saisonale und regionale Produkte wo immer möglich, frische Kräuter, aromatische Gewürze. Es muss ja nicht jeden Tag sein, aber vielleicht so oft, wie man es sich leisten kann. Qualität zahlt sich aus.

Einmal mehr zeigt Dirk Maus, was Kochen ausmacht: Viel Spaß am Herd, die Liebe zum Produkt, die Suche nach gutem Geschmack und die Freude am Genuss. In einzigartigen Fotos, die wie eine dokumentarische Kamera das Geschehen vor, hinter und im Kochtopf so authentisch wie möglich einfangen, werden die Augen des Betrachters in diesem Buch verwöhnt, jene Augen, die bekanntlich eifrig mitessen.

Was dem Leser bleibt, ist die Lust mitzumachen, auszuprobieren, die Rezepte aufzunehmen, gerne auch zu variieren und schnurstracks die Kochschürze umzubinden und loszulegen.
Viel Spaß!

Michael Bonewitz

PROFIL

》*Wir sind Grenzgänger unserer Geschmacksknospen und permanent auf der Suche nach verblüffenden Aromen. Am liebsten ohne Firlefanz. Auf den Punkt und richtig lecker.*«

Visionen mit Leben füllen
Ein Rheinhesse in Mainz

Elf Jahre lang war Dirk Maus Küchendirektor im »Hilton« und hatte dort unzählige internationale Gäste, aber auch halb Mainz zu Gast – auf Empfängen, Feiern, auf Festen und Veranstaltungen, auf Galas im Goldsaal oder zum Dinner à deux in der barocken Brasserie.

1000 Gäste am Abend – keine Seltenheit. Nun das Kontrastprogramm. Zehn Tische und die Erkenntnis: »Die Kunst ist es nicht, an einem Tag ein sensationelles Essen zu servieren, sondern jeden Tag seinen selbstgesteckten Anspruch zu erfüllen – das kostet Kraft, braucht Überzeugung, ein Team, das mitgeht und sehr viel Ehrgeiz.«

Dirk Maus hat es geschafft, aus einem gutbürgerlichen Restaurant einen Gourmettempel zu zaubern. Bereits ein Jahr nach dem Start wurden die ersten Restaurantführer auf ihn aufmerksam, im zweiten Jahr hatten alle namhaften Publikationen, ob Feinschmecker, Gault-Millau, ob Aral- oder Varta-Führer das »Maus im Mollers« gelistet und auch der Michelin hatte ihn entdeckt. Inzwischen geben sich die Gastrokritiker buchstäblich die Klinke in die Hand.

»Meine Aufgabe besteht darin, einerseits auf dem Teppich zu bleiben, aber andererseits auch die hohen Erwartungen, die wir inzwischen bei jedem Gast wecken, zu erfüllen«, erklärt Maus, der den Kontakt zu seinem Publikum sucht: »Jede ernst gemeinte Kritik ist tausendmal wichtiger als Gäste, die stillschweigend das Restaurant verlassen. Wir brauchen das Feedback, denn wir kochen weder für unser Ego, noch für Feinschmeckerzeitungen, sondern nur für unsere Gäste.«

> *»Die Kunst ist es nicht, an einem Tag ein sensationelles Essen zu servieren, sondern jeden Tag seinen selbstgesteckten Anspruch zu erfüllen.«*

Geboren wurde Dirk Maus am 19. September 1969 in Badenheim, auf rheinhessischem Boden. Sein Stammbaum geht zurück auf den berühmten Heimatdichter Isaak Maus (1748 bis 1833), der bereits mit 20 Jahren den elterlichen Hof übernahm. Der berühmteste Sohn Badenheims wurde 1809 zum Bürgermeister gewählt, war Landwirt und Bauerndichter, der sowohl politische Betrachtungen anstellte, als auch augenzwinkernd-ironisch die Mentalität seiner Landsleute in Versen charakterisierte. Als »Ackersmann von Badenheim« veröffentlichte er zahlreiche Gedichte. Diverse Angebote, in die Stadt zu ziehen und eine hohe Position an verschiedenen Fürstenhöfen anzunehmen, lehnte er ab, mit Hinweis auf die Idylle seines bäuerlichen Daseins. Von ihm soll das Zitat stammen: »Lieber Freiheit im Bauernkittel – aber kein Fürstendiener«.

In der dörflichen Idylle wuchs auch Dirk Maus heran, zwischen Hühnern und Schweinen, in Höfen und Ställen, ging in Pfaffen-Schwabenheim und Sprendlingen zur Schule und fand eher zufällig den Weg in die Küche. Er bewarb sich 1985 bei einem 5-Sterne-Hotel in Bad Kreuznach, dem »Steigenberger Kurhaus«, das mit gut 20 Köchen »Nouvelle cuisine« zauberte und hoch angesehen war. Nach bestandener Prüfung startete er seine Lehr- und Wanderjahre: Die Maus wechselte nach Wiesbaden in den »Nassauer Hof«. Hier lernte er bei Hans-Peter Wodarz, damals Sternekoch und »Koch des Jahres« im Gault-Millau, der mit seinen Gerichten buchstäblich kulinarische Geschichte schrieb. Von Wiesbaden ging es nach Rottach-Egern ins Hotel »Bachmaier am See«, von dort aus zum damaligen »Hotel des Jahres«, den Königshof in München (1 Michelin Stern) und dann nach Nürnberg ins Sterne-Restaurant »Funk« zu Hermann Peter Fischer, »der mich maßgeblich geprägt hat«. Als wahrscheinlich noch heute jüngster Absolvent der Hotelfachschule in Heidelberg war Dirk Maus bereits mit 22 Jahren staatlich geprüfter Gastronom und Küchenmeister.

Als Chef de Cuisine im Gourmetrestaurant »Five Continents« im »Steigenberger« am Frankfurter Flughafen lernte er schließlich Erich Morscher kennen, der ihn ins »Hilton« nach Mainz holte. Ein Jahr wollte er bleiben, es wurden elf. Und dann lockte ihn ein reizvolles Angebot ins »Mollers«. Von der Großküche zurück in ein Gourmetrestaurant: »Das war am Anfang nicht einfach, ich hatte mich immerhin elf Jahre von der so genannten Sterneküche verabschiedet und musste mich mühsam wieder zurückkämpfen.« Mit Erfolg.

Ganz nebenbei baut sich Dirk Maus ein zweites Standbein auf: seine Kochschule. Gemeinsam mit Heisers Küchen in Budenheim weiht er regelmäßig ambitionierte Hobbyköche in die Geheimnisse der Gourmetküche ein. »Das macht riesigen Spaß, weil man unmittelbar Feedback bekommt, viel über die Qualität und die Philosophie der modernen Küche erzählen und live vorführen kann.« Die Nachfrage ist so groß, dass Dirk Maus schon langfristig Pläne schmiedet. In Heidesheim hat er sich gerade ein kleines historisches Anwesen gekauft, eine alte Mühle, die er in den kommenden Jahren in eine Kochschule umbauen will. »Wichtig ist, dass man nicht stehen bleibt, man muss für sich persönlich eigene Visionen entwickeln, die man dann nach und nach Realität werden lässt.«

BILD RECHTS

Neue Ideen in historischem Ambiente: Dirk Maus mit dem ehemaligen Mühlenbesitzer Manfred Krebs (Besitzer Sandhof, Heidesheim).

KÜCHE

》 *Wer jeden Tag 14 Stunden in der Küche steht, um Spitzenleistung zu erzielen, ist entweder bekloppt, besessen oder Koch aus Überzeugung und Leidenschaft.«*

Dirk Maus lüftet sein Küchengeheimnis
Eine Frage des Garens

Manche unserer Gäste genießen ihr Essen und loben anschließend die Kunst der Zubereitung, ohne dass man gleich den Eindruck gewinnt, irgend ein Gang habe ganz besonders herausgeragt, im Verlauf des mehrgängigen Menüs.

Gut, manch einer mag besonders die Desserts, ein anderer liebt die Suppen, wieder andere begeistern sich für zarte Fischgerichte. Und manch einer schweigt, von Anfang bis zum Schluss, entweder war das Essen nicht nach seinem Geschmack oder er zählt eher zur Kategorie »stiller Genießer«. Aber zwei Fragen tauchen immer wieder auf in unserem Restaurant: »Wie haben Sie nur diese wunderbare Sauce hinbekommen?« Und »Wie kriegen Sie Ihr Fleisch so zart?«

Tipps und Tricks zu unseren Saucen finden Sie in diesem Buch. Aber wie wir unser Fleisch zubereiten, blieb bislang ein gut gehütetes Geheimnis. Übrigens eine Erfahrung, die Sie bei vielen Spitzengastronomen machen werden. Denn Details der Fleischzubereitung werden nur ungern weitergegeben, selbst unter Kollegen. Viele verstecken sich bei ihren Erklärungsversuchen hinter Allgemeinbegriffen. Kein Wunder, denn viele Gourmetköche müssen erst jahrelang Erfahrungen sammeln und unzählige Versuche unternehmen, bis sie eine Methode entwickeln, die garantiert funktioniert und nicht durch Zufall mal ein göttliches Stück Fleisch hervorbringt und dann wieder eine herbe Enttäuschung. Auch wir haben unterschiedliche Methoden ausprobiert, um ein für unseren Geschmack (und den unserer Gäste) optimales Ergebnis zu erzielen.

Die entscheidende Frage ist nicht nur: Wie wird das Fleisch so zart? Sondern auch: Wie erhalte ich möglichst viele wertvolle Nährstoffe, Vitamine und Mineralien? Denn alles zusammen prägt das Geschmacksbild in unserem Gaumen. Wie gut Fleisch wirklich schmeckt, erleben Sie vor allem dann, wenn es der Koch nicht mit unzähligen her-

BILD RECHTS

Eingefangen:
Dirk Maus in seiner Küche.

Die entscheidende Frage ist nicht nur: Wie wird das Fleisch so zart? Sondern auch: Wie erhalte ich möglichst viele wertvolle Nährstoffe, Vitamine und Mineralien?

vorstechenden Gewürzen zudeckt, sodass vom Eigengeschmack kaum mehr etwas übrig bleibt. Probieren Sie das Fleisch doch einmal ungewürzt! Ist es wirklich auf den Punkt gegart, ist es außen knusprig und innen saftig? Erspüren Sie die wahre und einzigartige Qualität des Produkts?

Bevor wir Ihnen nun unsere Erfahrungen und Tipps zum richtigen Fleischgaren an die Hand geben, möchte ich eines vorweg schicken: Einfach ist das Verfahren nicht. Man braucht Geduld, Übung und vor allem die richtige Ausstattung.

In der Summe kombinieren wir zwei Garmethoden, die viele Hausfrauen und Hobbyköche schon einmal gehört haben oder sogar anwenden. Das Dampfgaren und die Niedriggarmethode. Beim Niedergaren brät man das gewünschte Fleisch in einer Pfanne mit Öl zunächst bei hoher Temperatur kräftig an und lässt es anschließend bei einer Temperatur von 80°C über mehrere Stunden im Ofen langsam fertig garen, nämlich bis eine Kerntemperatur von 49°C (siehe Tabelle) erreicht ist. Dank des schonenden Garens und dank der niedrigen Temperatur bleiben die Zellstrukturen im Fleisch erhalten, es wird zart und saftig. Das Prinzip des Niedertemperaturgarens ist relativ einfach.

Das Dampfgaren kennen auch viele, zum Beispiel vom Dampfkochtopf. Hier wird mit wenig Wasser und vor allem ohne Fett in erster Linie Gemüse schonend zubereitet. Die Methode ist gesund, weil mehr Vitamine und Mineralstoffe erhalten bleiben, die Speisen schmecken besser, weil weniger Salze ausgeschwemmt werden und sie sparen so ganz nebenbei auch noch Energie, weil sie weniger Wasser als in einem Kochtopf erhitzen müssen. Ein moderner Dampfgarer sieht aus wie ein normaler Backofen. Bevor wir nun das Fleisch hineinlegen, würzen wir es mit ausgewählten Kräutern, gegebenenfalls auch mit einer Marinade und wickeln es in eine hitzebeständige Klarsichtfolie. Ein Fleischthermometer stecken wir in die dickste Stelle des Bratgutes und messen fortan die Kerntemperatur. Nun wird der Beutel samt Fleisch und Gewürzen im Dampfgarer bei der entsprechenden Temperatur (siehe Tabelle) gegart. Das Fleisch ist fertig, sobald die Kerntemperatur von 53°C erreicht ist.

Das Geheimnis des Erfolgs sind die exakten Temperaturen. Werden diese Temperaturangaben eingehalten, kann nichts mehr schief gehen und Sie erleben einen Fleischgenuss wie in einem Sternerestaurant.

Guten Appetit!

NIEDRIGGARMETHODE Kurz anbraten und bei 80°C im Ofen garen		bis diese Kerntemperatur erreicht ist
Kalbsroulade		49°C
Praline vom Kalb		49°C
DAMPFGARMETHODE Mit Wasserdampf bei 60°C		bis diese Kerntemperatur erreicht ist
Rinderfilet	in Folie	53°C
Lammrücken	in Folie	53°C
Reh in Mangold	in Folie	53°C
Kalbsfilet in Pak Choi	in Folie	53°C
Mit Wasserdampf bei 60°C		**GARZEIT**
Lamm in Ziegenmilch	im Vakuumbeutel	ca. 12 Minuten
Taubenbrust	im Vakuumbeutel	ca. 6 Minuten
Zander im Gemüsemantel	im Vakuumbeutel	ca. 12 Minuten
Entenbrust	im Vakuumbeutel	ca. 12 Minuten

PHILOSOPHIE

»Herumspinnen, ausprobieren, Spaß haben, Gedanken kreisen lassen – Kreativität braucht Platz und den Freiraum, auch mal daneben liegen zu dürfen. Kreativität heißt aber auch, den Mut zu haben, sich von Menschen, Situationen und Gefühlen inspirieren zu lassen.«

Meine Philosophie ist das Produkt
Erfolg braucht ein eingespieltes Team

Neulich habe ich mich mit einem Kollegen unterhalten und wir kamen beide zu dem Schluss: Wer jeden Tag mehr als 14 Stunden in der Küche steht, um Spitzenleistung zu erzielen, ist entweder bekloppt, besessen oder Koch aus Überzeugung und Leidenschaft.

Wobei ich gleich einschränken will, dass Leidenschaft allein ganz sicher nicht genügt, um in der Top-Gastronomie oben mitmischen zu können. Wer Erfolg haben will, muss ganzheitlich denken. Das fängt beim Einkauf an. Nur ausgewählte Lieferanten, die einen überdurchschnittlich hohen Qualitätsanspruch haben, kommen überhaupt in Betracht, ein Gourmet-Restaurant mit exzellenter Ware auszustatten. Vertrauen gehört dazu, Vertrauen in seine Partner, aber auch Kontrolle: Was nicht zu hundert Prozent unsere Erwartungen erfüllt, wird zurückgewiesen. In puncto Qualität dürfen wir an keiner Stelle Kompromisse machen, denn der Gast am Tisch verzeiht keine Fehler – zu Recht.

Meinen Köchen sage ich immer wieder: Geht auch mal raus, raus zu den Menschen, auf Märkte, zu Fischhändlern, zum Gemüsestand, sprecht mit Metzgern und Jägern – ihr müsst spüren, erleben, fühlen, riechen, schmecken. Ihr sollt wissen, welche Frucht in welcher Saison das beste Geschmackserlebnis garantiert. Findet heraus, wie die Bauern und Landwirte ihre Produkte behandeln, was ein gutes Fleisch von einem minderwertigen unterscheidet.

Produktkenntnis ist wichtig, denn gute Köche sind immer auch Grenzgänger ihrer Geschmacksknospen und permanent auf der Suche nach verblüffenden Aromen. Sie kombinieren Produkte, für diesen einen überraschenden Moment, wenn dem Gast ein kleiner Happen buchstäblich auf der Zunge zergeht. Sie probieren Saucen, Fonds, Farcen, reduzieren und verfeinern, damit am Ende auf dem Teller eine Gesamtkomposition entsteht, die leicht und elegant aussieht, am liebsten ohne Schi Schi

NACHFOLGENDE BILDER

S. 34/35: Einen frischen Fisch erkennt man an den dunkelroten Kiemen.

S. 36/37: Trüffel, der »schwarze Diamant«, ist der teuerste Speisepilz der Welt.

Reden, sprechen, überzeugen, zuhören, verstehen, brüllen, schreien, flüstern, lächeln, schweigen … alles zur richtigen Zeit – darin liegt das ganze Geheimnis.

und Firlefanz, aber stets auf den Punkt gegart und richtig lecker.

Spitzenköche sind nie Einzelgänger. Für den Erfolg in der Küche braucht man ein Team, das die Besessenheit mitlebt, die Leidenschaft verinnerlicht hat. Neue Rezepte zu kreieren, ist ein gruppendynamischer Prozess. Neugier gehört dazu, manchmal auch detektivischer Spürsinn, verrückte Ideen, Spaß in der Küche, dann erlebt auch der Gast den Spaß am Tisch. Küche und Speisen sind etwas Lebendiges, etwas Dynamisches. Selbst wenn man bei der ersten Kreation nicht immer weiß, was am Ende entsteht.

Natürlich ist gutes Handwerk eine Grundvoraussetzung, das klingt fast schon selbstverständlich. Aber man muss es immer mal wieder betonen: Solide Handwerkskunst ist die Basis jeder hochwertigen Küche. Wer anschließend in die Spitzengastronomie aufsteigen will, muss diesen einen Schritt mehr gehen, Grenzen überschreiten, innovativ sein, Neues ausprobieren, mal um die Ecke denken, über den Tellerrand hinausschauen. Herumspinnen, Gedanken kreisen lassen – Kreativität braucht Platz und den Freiraum, auch mal daneben liegen zu dürfen. Kreativität heißt aber auch, den Mut zu haben, sich von Menschen, Situationen und Gefühlen inspirieren zu lassen. Von anderen Spitzenköchen lernen, aber auch von anderen Kulturen, von Omas Weisheiten oder vom Küchenmeister in einem kleinen spanischen Fischerdorf.

Nicht zu vergessen: Die Küche ist ein Ort der Kommunikation. Zuhause, auf Partys, wie auch in der Gastronomie. Kochen ist Kommunikation. Ohne Kommunikation geht gar nichts – also munter drauf loslegen: Reden, sprechen, überzeugen, zuhören, verstehen, brüllen, schreien, flüstern, lächeln, schweigen … alles zur richtigen Zeit – darin liegt das ganze Geheimnis.

Am Ende zählen Qualität und Anspruch, Perfektion und Kreativität – und das Ziel vor Augen, jeden Tag diesen Hauch besser sein zu wollen als am Vortag.

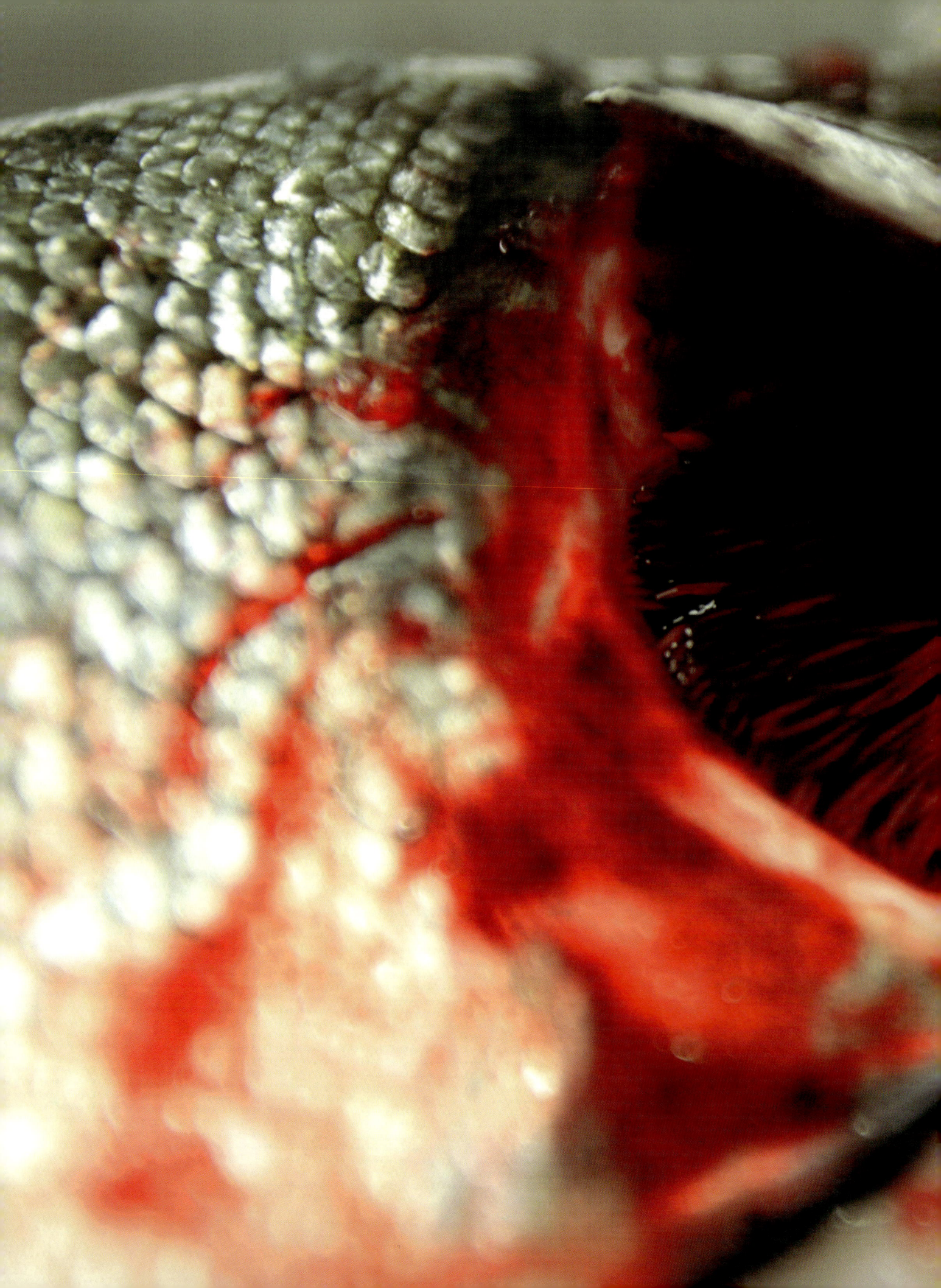

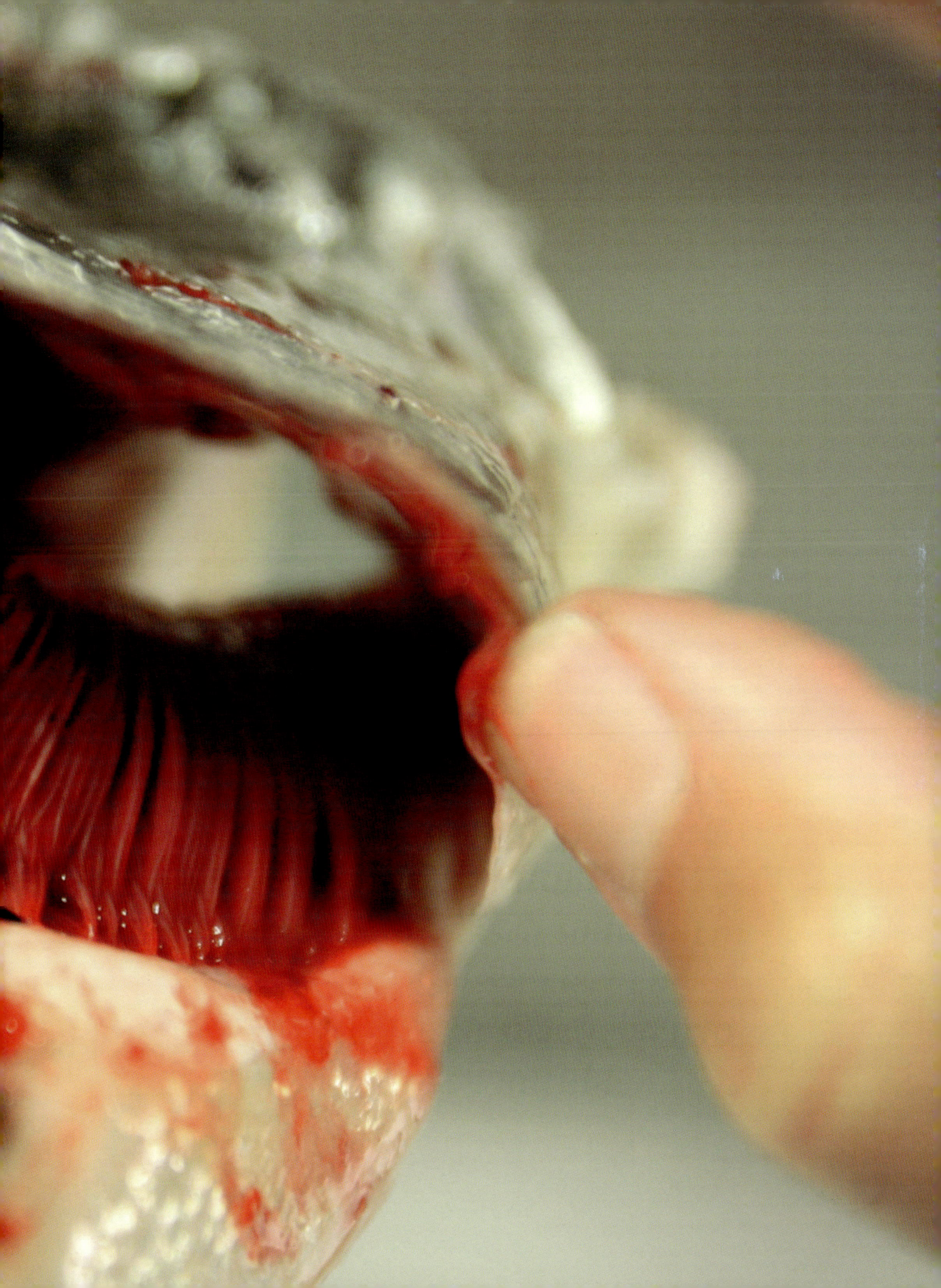

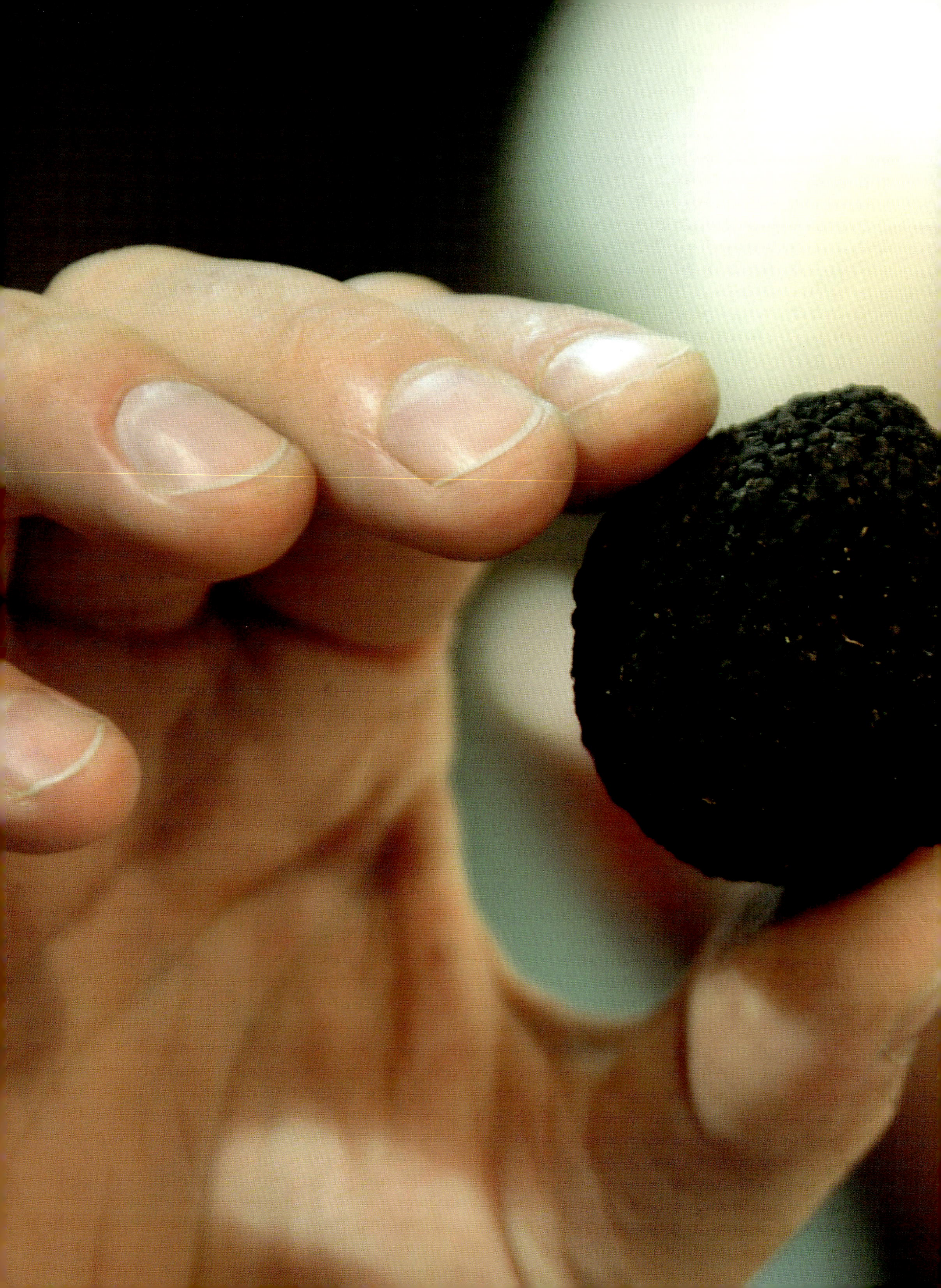

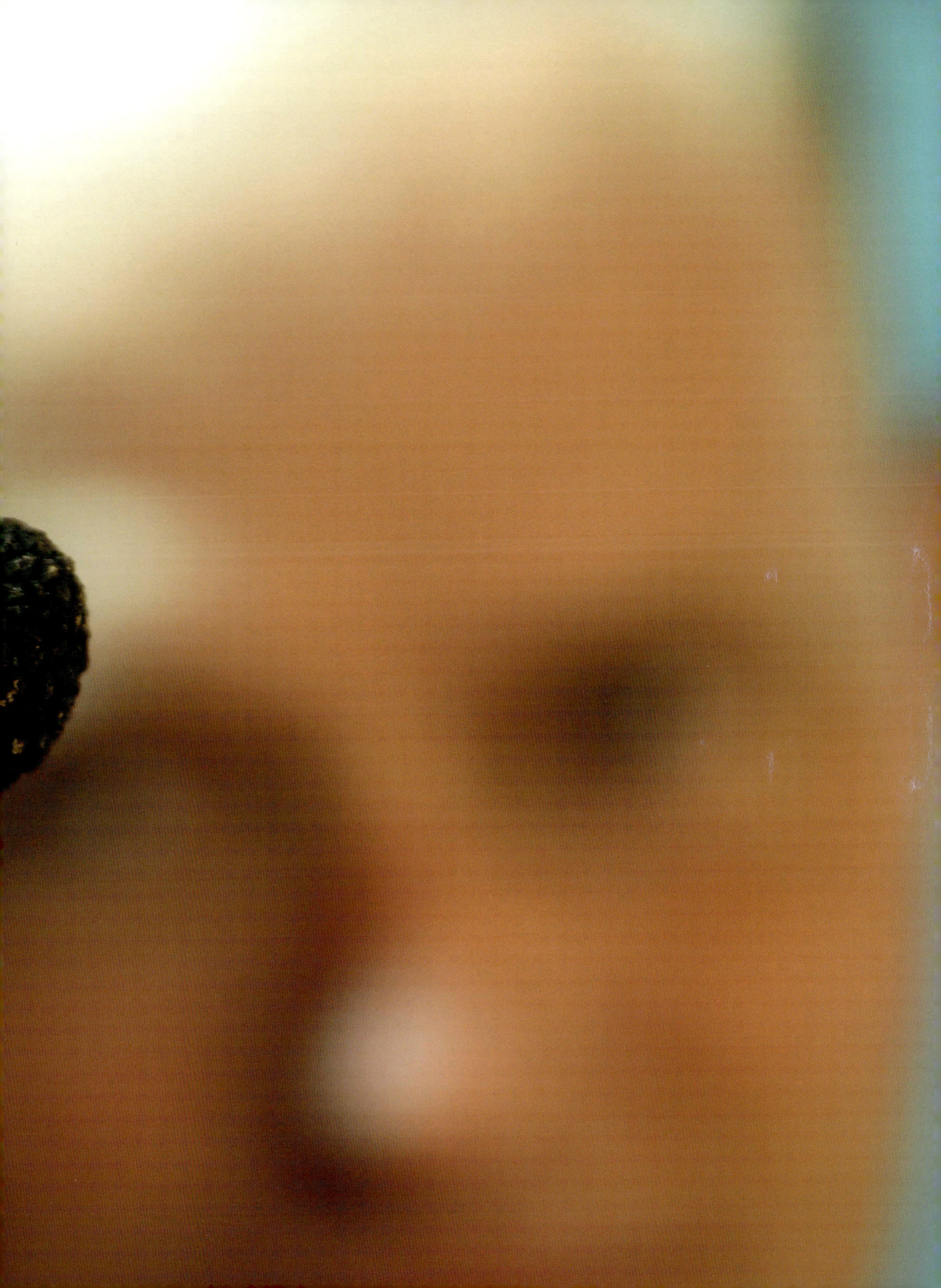

MAINZER KÜCHE

» *Das notwendige Regulativ zur Perfektion. Manche Gerichte bestehen aus einer gehörigen Portion Eingebung, gepaart mit jahrelanger Erfahrung.«*

Kulturgeschichte der Mainzer Küche
Multikulti seit Jahrhunderten

Wer heutzutage über die deutsche Küche philosophiert, der denkt vielleicht an Schwäbische Maultaschen, Rheinischen Sauerbraten, Pfälzer Saumagen, Hamburger Aalsuppe, Fränkische Schäufele, Bayerische Knödel oder Thüringer Rostbratwürste – die Liste lässt sich beliebig fortsetzen. Aber welche regionalen Spezialitäten bringt man mit Mainz und Rheinhessen in Verbindung? Mainzer Handkäs? Fleischwurst? Brezel? Gibt es überhaupt eine kulinarische Tradition in der rheinland-pfälzischen Landeshauptstadt?

Fest steht, eines der ersten deutschen Kochbücher, das »New Kochbuch« von 1581, stammt vom weitgereisten Mainzer Hofkoch Marx Rumpolt. Bevor er in die Dienste des Mainzer Kurfürsten Daniel Brendel von Homburg trat, der von 1555 bis 1582 in der Domstadt regierte, hatte er bereits für die unterschiedlichsten europäischen Fürsten gearbeitet. In Mainz schließlich veröffentlichte er sein kulinarisches Lebenswerk auf rund 500 Seiten mit knapp 2000 Rezepten. Mit der Erfindung des Buchdrucks mit beweglichen Lettern durch den Mainzer Johannes Gutenberg, Mitte des 15. Jahrhunderts, wurde auf diese Weise nicht nur die Bibel zum Massenmedium, sondern erstmals konnten auch Rezepte und Kenntnisse über die Kochkunst sozusagen medial weit verbreitet werden.

Mit der Erfindung Gutenbergs konnten erstmals auch die Kenntnisse über die Kochkunst medial verbreitet werden.

Rumpolts Werk, das als erstes Lehrbuch für professionelle Köche in der Ausbildung gilt, gibt spannende Einblicke in die Welt der abendländischen Kochkunst, die nachweislich auch in Mainz schon im 16. Jahrhundert praktiziert wurde und das lange bevor Frankreich zum kulinarischen Mekka aufsteigt. Nur wenige Kilometer von Mainz entfernt, im rheinhessischen Bingen, sorgte schon 500 Jahre zuvor eine Äbtissin für Aufsehen – Hildegard von Bingen – die auch heute noch ob ihrer Ernährungslehre zahlreiche Anhänger hat. Beim Blick ins Geschichtsbuch lassen sich weitere Beispiele für die frühzeitige kulinarische Praxis in Mainz aufzählen.

Mainz – eine der ältesten Städte Deutschlands – ist wie eine Art Mikrokosmos der deutschen Kulturgeschichte des Kochens, denn Mainz und die heutige Region Rheinhessen wiesen schon vor über 2000 Jahren unter römischer Herrschaft ein deutliches multikulturelles Gepräge auf. Das heißt, die aus unterschiedlichen Landsmannschaften zusammengewürfelten römischen Legionen brachten nicht nur den Wein mit an den Rhein, sondern zugleich Kräuter und Gewürze, Rezepte und Gerichte. Nach den Römern kamen die Alemannen und Franken, die Burgunder und Merowinger. Kaum eine Region Deutschlands wurde im Laufe der Jahrhunderte derart durchwandert und durchmischt.

Carl Zuckmayer, Ehrenbürger von Mainz, hat dies einmal in einer Szene in »Des Teufels General« wunderbar umschrieben: »... stellen Sie sich doch mal ihre Ahnenreihe vor, hier am Rhein, seit Christi Geburt, da war ein römischer Feldhauptmann, ein schwarzer Kerl, braun wie ne reife Olive, der hat einem blonden Mädchen Latein beigebracht. Und dann kam ein jüdischer Gewürzhändler in die Familie, ein griechischer Arzt oder ein keltischer Legionär, ein Graubündner Landsknecht, ein schwedischer Reiter, ein Soldat Napoleons, ein desertierter Kosak, ein Schwarzwälder Flözer, ein wandernder Müllerbursch vom Elsass, ein dicker Schiffer aus Holland, ein Magyar, ein Pandur, ein Offizier aus Wien, ein französischer Schauspieler, ein böhmischer

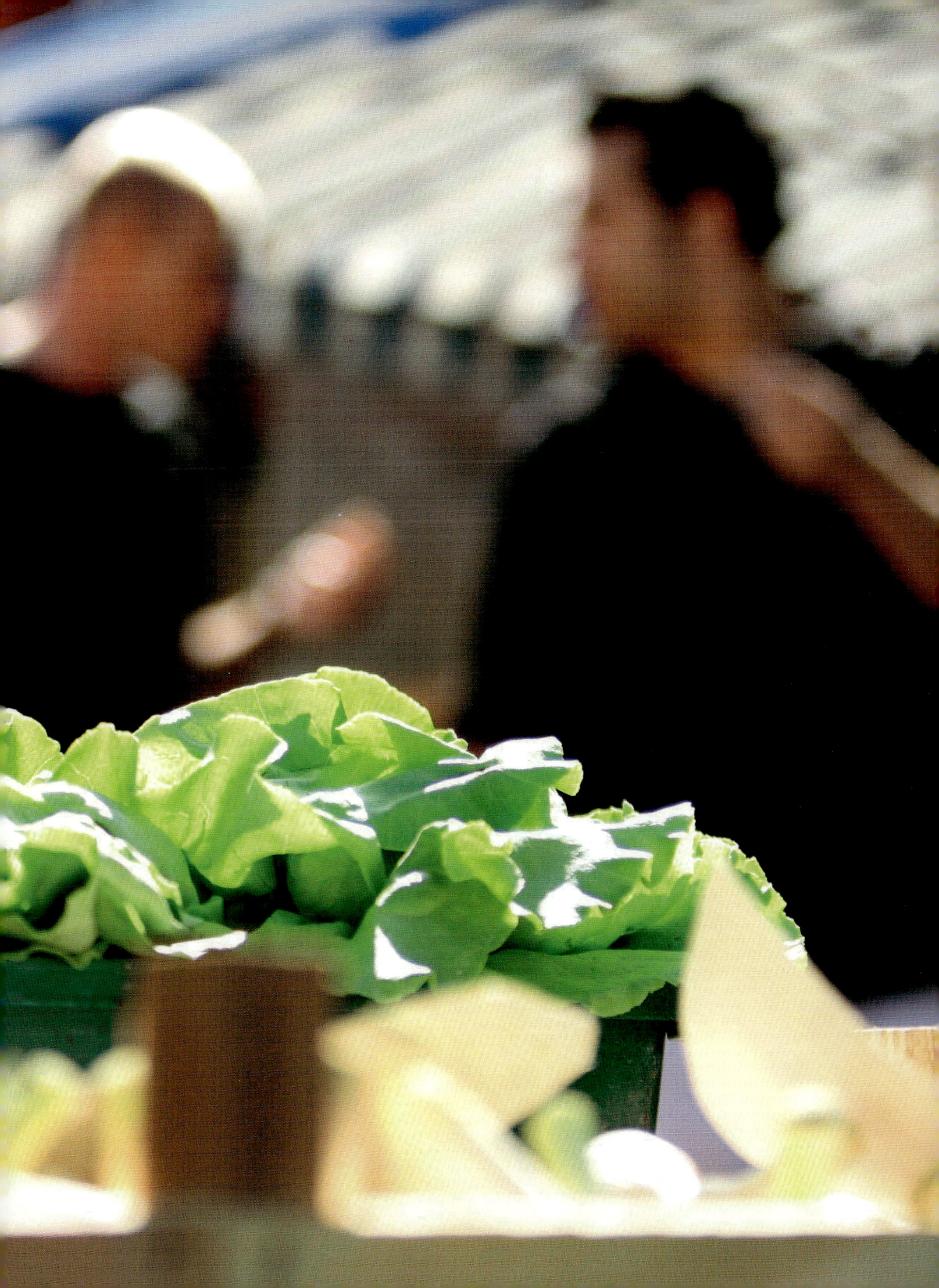

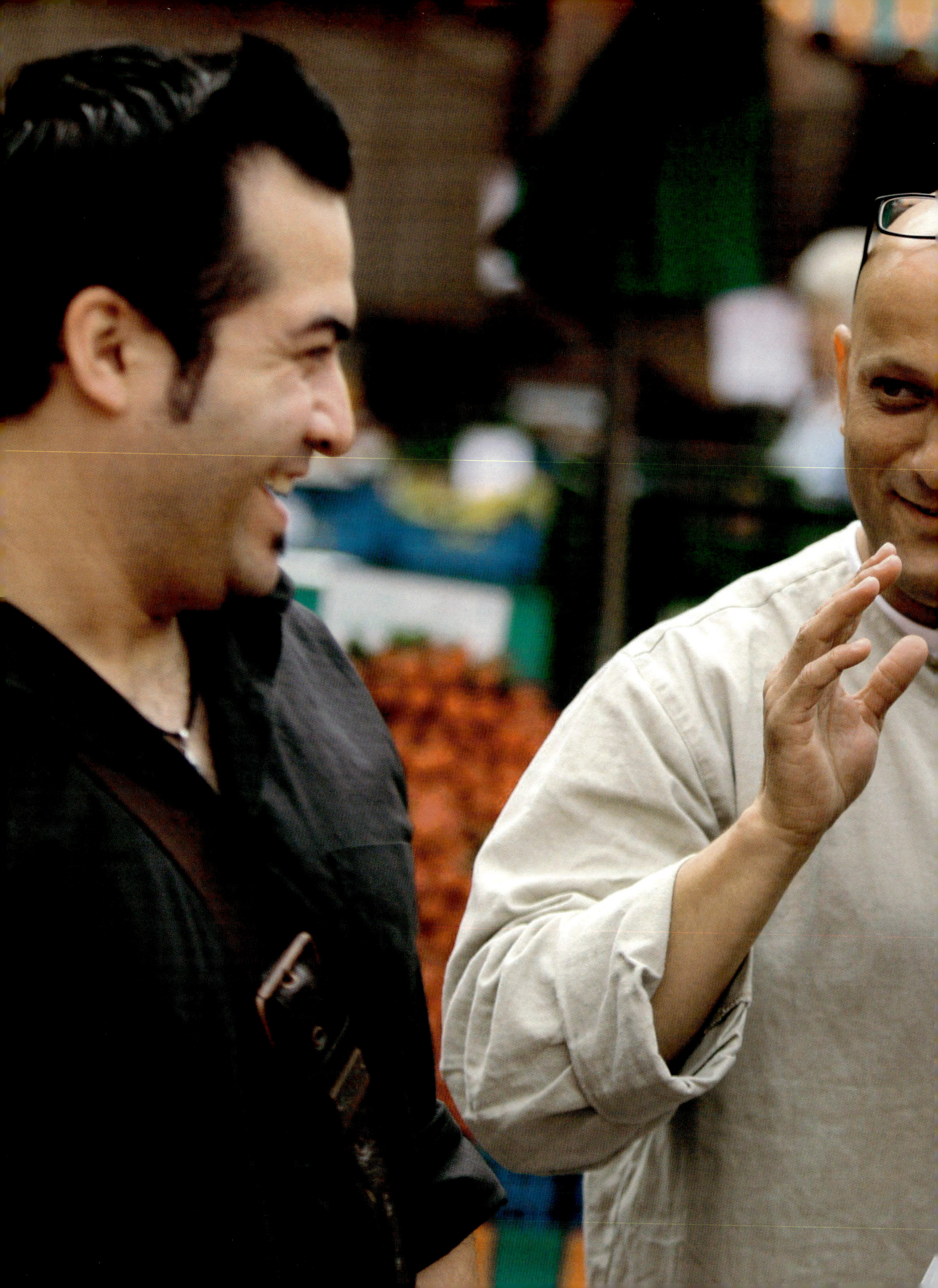

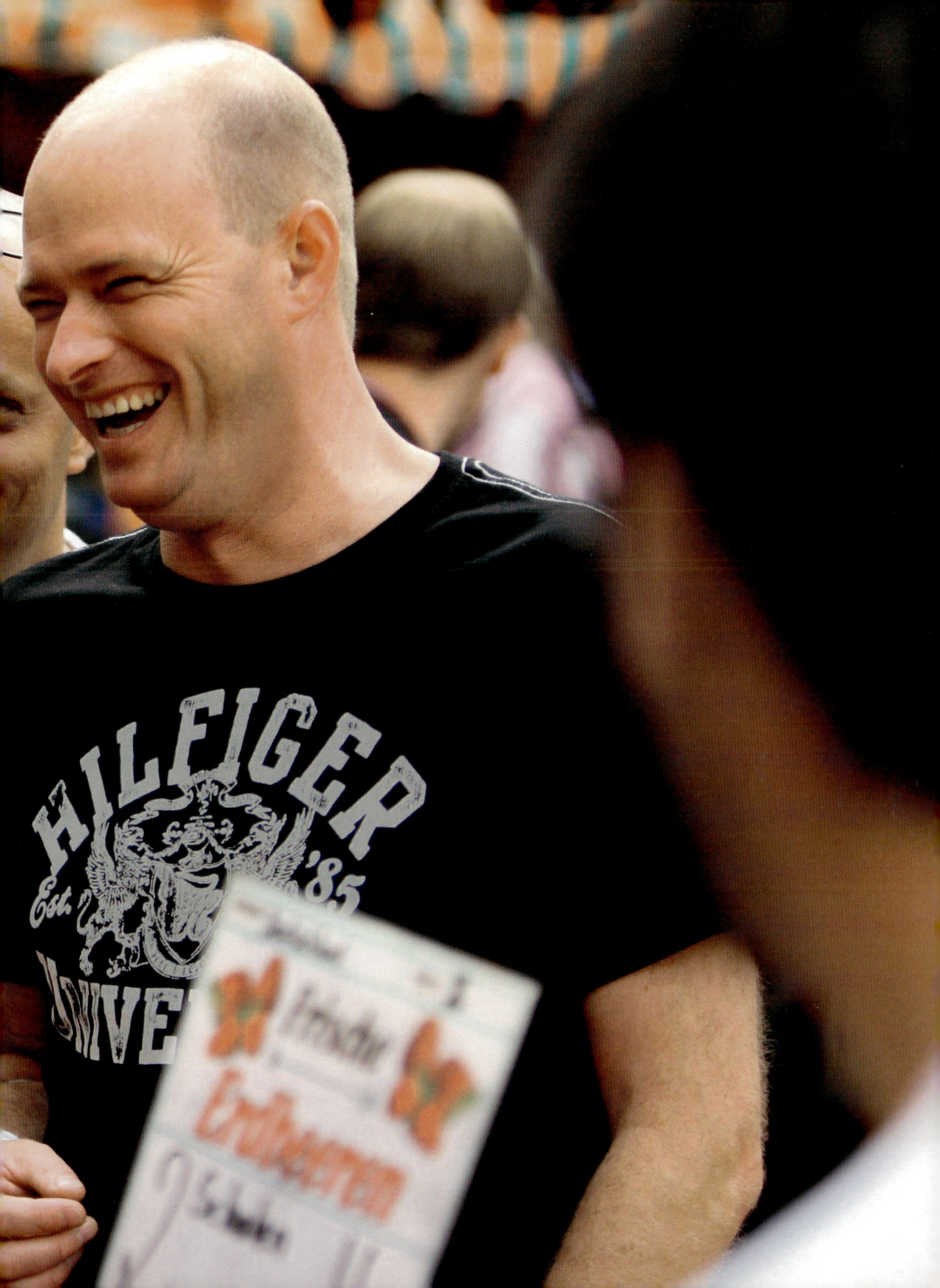
HILFIGER
Est.
'85

VORSPEISEN

>> *Auf den richtigen Einstieg kommt es an – leicht und appetitanregend, pfiffig und überraschend. Der erste Angriff auf die Geschmacksknospen der Gäste soll vor allem die Lust auf mehr wecken.«*

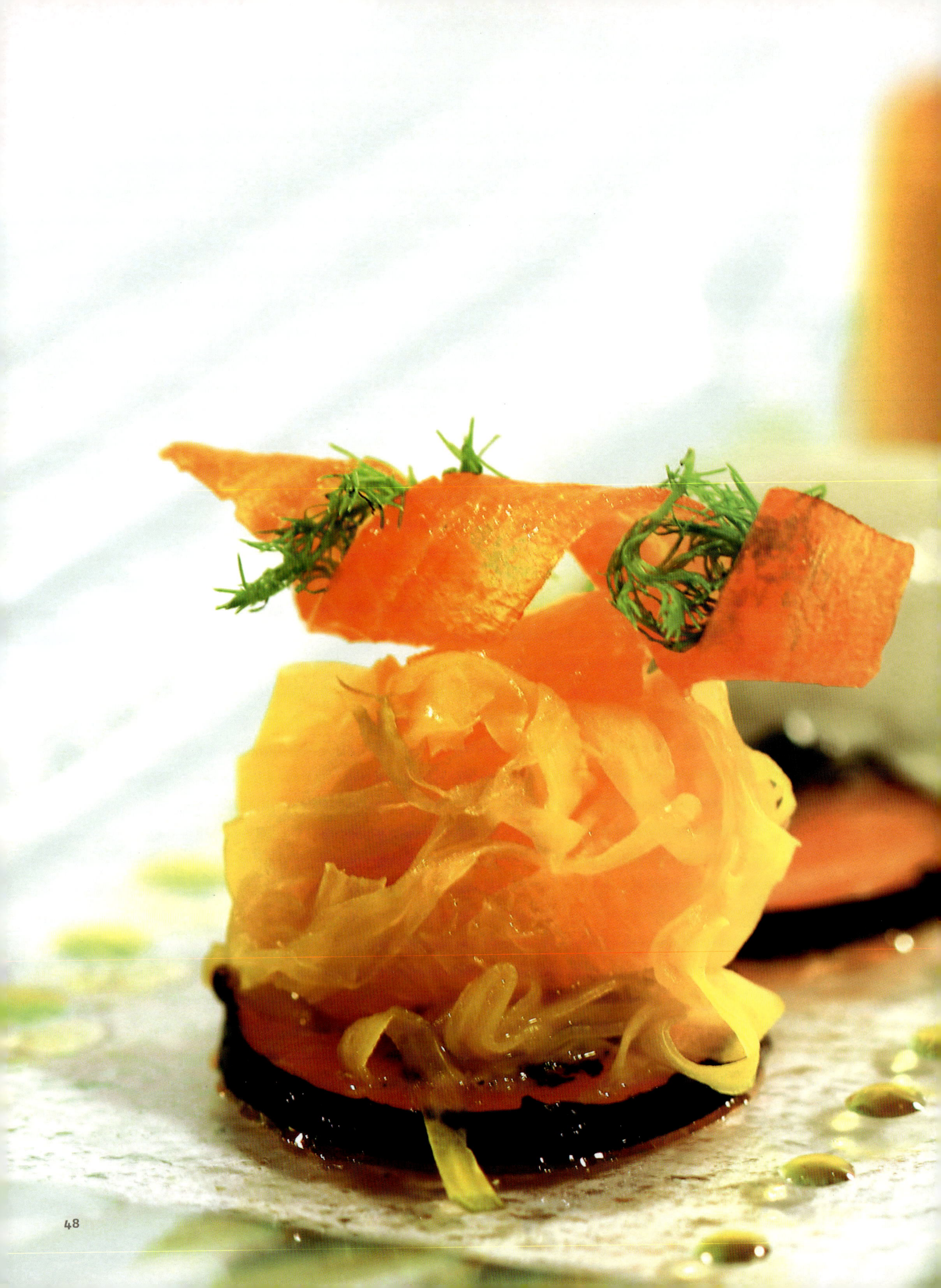

FÜR 4 PERSONEN

Karamellcrème vom Lachs, Carpaccio
Orangenfenchel, Thymianeis

№ 01

LACHS-KARAMELL-CRÈME

300 g	Lachs
400 ml	Sahne
30 g	Karotten
je 20 g	Sellerie & Fenchel
6 Blatt	Gelatine*

LACHSCARPACCIO

200 g	Lachsmittelstück
2	Noriblätter*
1 Msp.	Wasabicrème*
1 TL	Sesam dunkel
½ TL	Sojasauce

ORANGENFOND

1 l	Orangensaft
je 1 Zweig	Thymian & Rosmarin
180 g	Zucker

ORANGENFENCHEL

1	Fenchel
	Orangenfond

THYMIANEIS

150 ml	Sahne
2	Eigelb
25 g	Zucker
¼ Bund	Thymian

1 *Lachs-Karamell-Crème:* Kleingeschnittenen Lachs mit gewürfeltem Gemüse anschwitzen, dann mit Sahne aufgießen. Zutaten zerkochen lassen, pürieren und durch ein Haarsieb streichen. Gelatine* unterheben, Masse in kleine Tassen einsetzen und kalt stellen.

2 *Lachscarpaccio:* Lachs in längliche, ca. 5 cm hohe und breite Stücke schneiden und mit Wasabicrème* einreiben. Lachsstücke in Sesam wälzen und in ein mit Sojasauce getränktes Noriblatt einschlagen. Danach in Frischhaltefolie einwickeln und im Eisschrank frieren. Auf einer Aufschnittmaschine in hauchdünne Scheiben schneiden.

3 *Orangenfond:* Zucker in einer Pfanne leicht karamellisieren, Kräuter hinzugeben und mit dem Orangensaft ablöschen. Fond bis zu einer sahnegleichen Konsistenz einreduzieren (ca. 150 ml).

4 *Orangenfenchel:* Orangenfond aufkochen. Den mit einer Aufschnittmaschine fein geschnittenen Fenchel hinzugeben. Kühl stellen.

5 *Thymianeis:* Eigelb und Zucker in einer Schüssel verrühren, Sahne dazugeben. Auf einem Wasserbad bei ca. 80 °C aufschlagen und wieder kalt schlagen. Thymian staubfein zupfen, so dass sich die Farbe und das Aroma in der Eismasse verteilen können. Thymianstaub zur kalten Eigelb-Zucker-Sahne-Masse geben und in einer Eismaschine frieren.

Tipp: Drei Einzelgerichte in einer Rezeptur. Besonders gut geeignet für warme Sommertage.

* siehe Glossar

FÜR 4 PERSONEN

Marinierte Saiblingsstreifen
Avocadochip, Blumenkohl-Anis-Mousse

№ 02

SAIBLINGSMARINADE

4	*Saiblingsfilets*
je 50 g	*Möhren & Sellerie*
je 20 g	*Frühlingslauch & Zwiebeln*
30 g	*Fenchel*
50 g	*Äpfel*
je 150 g	*Zucker & Salz*
20 ml	*Champagneressig*
	Lorbeer, Honig, Lavendel

BLUMENKOHL-ANIS-MOUSSE

300 g	*Blumenkohl*
2	*Schalotten*
300 g	*Sahne*
3 Blatt	*Gelatine**
1 EL	*Anis*, Pulver

AVOCADOCHIP

30 g	*Butter*, weich
50 g	*Mehl*
1	*Eiweiß*, geschlagen
15 g	*Puderzucker*
1	*Limette*, Saft und Abrieb
15 g	*Avocado*

1 *Saiblingsmarinade:* Saibling von Haut befreien und filetieren. Gemüse und Obst grob würfeln und mit Zucker, Essig, Salz und Gewürzen vermengen. Darin die Saiblingsfilets 6 Stunden beizen.

2 *Blumenkohl-Anis-Mousse:* Vom Blumenkohl die Röschen abschneiden und zusammen mit den klein geschnittenen Schalotten anschwitzen. Anis hinzugeben, mit Sahne aufgießen und weichkochen. Die Masse pürieren und durch ein Haarsieb streichen. Gelatine* unterheben.

3 *Avocadochip:* Weiche Butter mit Mehl vermengen, Saft und Abrieb einer Limette hinzugeben. Eiweiß, Puderzucker und geriebenes Avocadofleisch langsam unterrühren. Masse 12 Stunden lang ruhen lassen. Anschließend dünn in Chipsgröße oder in anderen Formen auf eine Backmatte streichen. Bei 180 °C ca. 6 Minuten backen lassen. Chips zum Dekorieren verwenden.

Tipp: Die Saiblingsmarinade eignet sich sehr gut als Lachsbeize oder allgemein als Fischbeize. Besonders gut passt Feldsalat oder Rucola dazu.

51

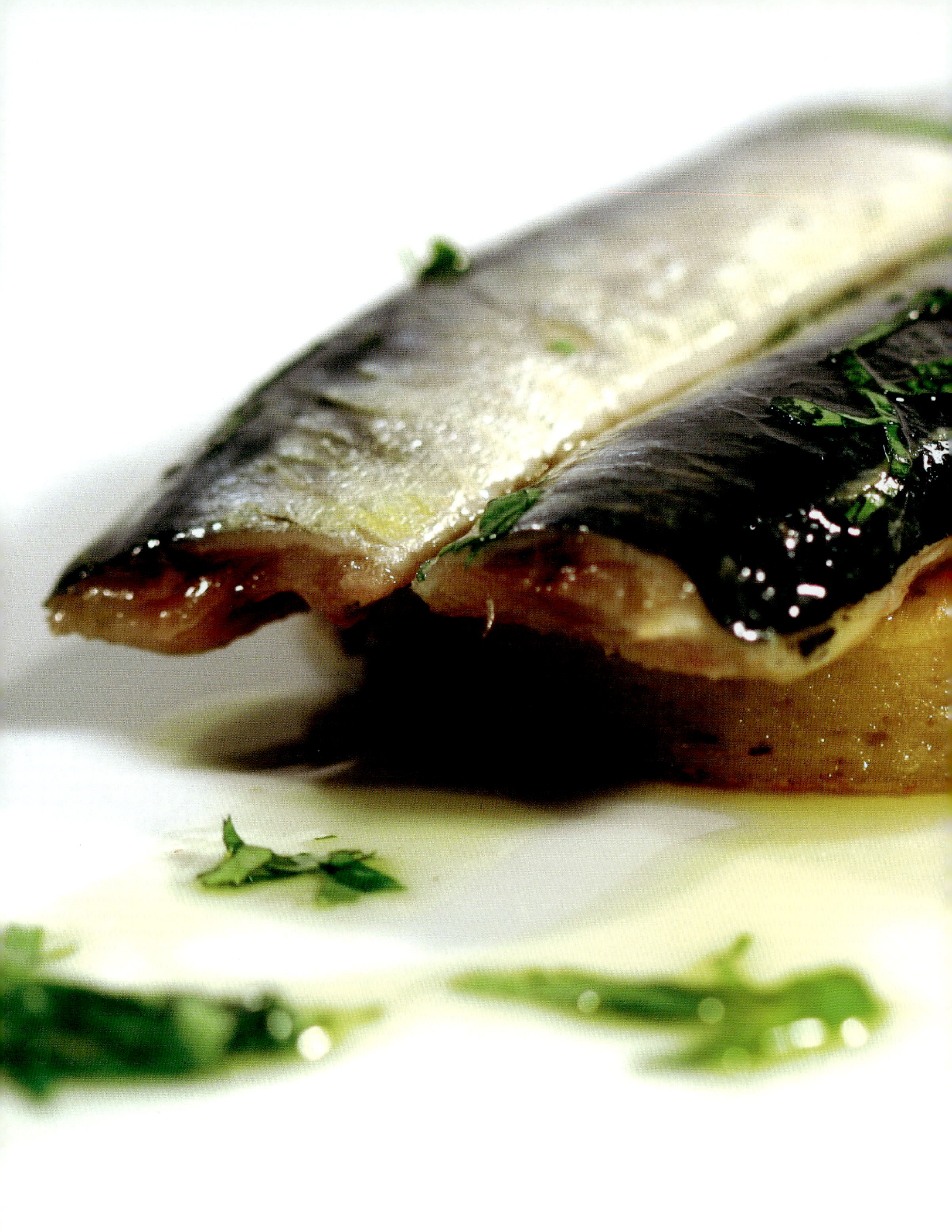

№ 03

FÜR 4 PERSONEN

Sardinenfilets mit Limonen, Koriander
Kartoffel-Oliven-Plätzchen

SARDINEN

4	frische Sardinen à 140 g
½	Limone, *Saft*
50 ml	Olivenöl
1 EL	Sesamöl
2 TL	Ducca*
1 TL	grobes Meersalz
	weißer Pfeffer, *aus der Mühle*
2 TL	Blattkoriander, *gehackt*

KARTOFFEL-OLIVEN-PLÄTZCHEN

300 g	Kartoffeln, *mittelgroß, mehlig kochend*
1 EL	Crème fraîche
1	Ei
25 g	schwarze Oliven, *gehackt*
1 Msp.	frischer Thymian, *gehackt*
1 EL	Pflanzenöl
	Salz, weißer Pfeffer, *aus der Mühle*

1 *Sardinen:* Sardinen schuppen, filetieren und gut waschen. Wichtig: Der Fisch wird roh genossen, daher alle Gräten und Schuppen sehr sorgfältig entfernen. Marinade aus Limonensaft, Olivenöl, Sesamöl, Ducca*, Salz, Pfeffer und Koriander in einem Teller anrühren. Sardinenfilets mit der Hautseite hineinlegen und wenden, so dass die silbrige Haut wieder oben ist. Es sollte reichlich Gewürz obenauf liegen. Kühl stellen.

2 *Kartoffel-Oliven-Plätzchen:* Ungeschälte Kartoffeln in Salzwasser kochen, ausdämpfen lassen, schälen, durch die Kartoffelpresse drücken und mit etwas Salz und Pfeffer würzen. Kartoffelmasse samt Crème fraîche und Ei mit einem Schneebesen zu einem glatten Teig verrühren. Gehackte Oliven und Thymian unterrühren. Etwa 10 cm große, runde Kartoffelplätzchen formen und backen. Auf einen Teller legen und vor dem Servieren nochmals erwärmen.

Tipp: Bei diesem Gericht bieten sich alle Fischarten an, die im Handel in Sushi-Qualität zu bekommen und roh verzehrbar sind.

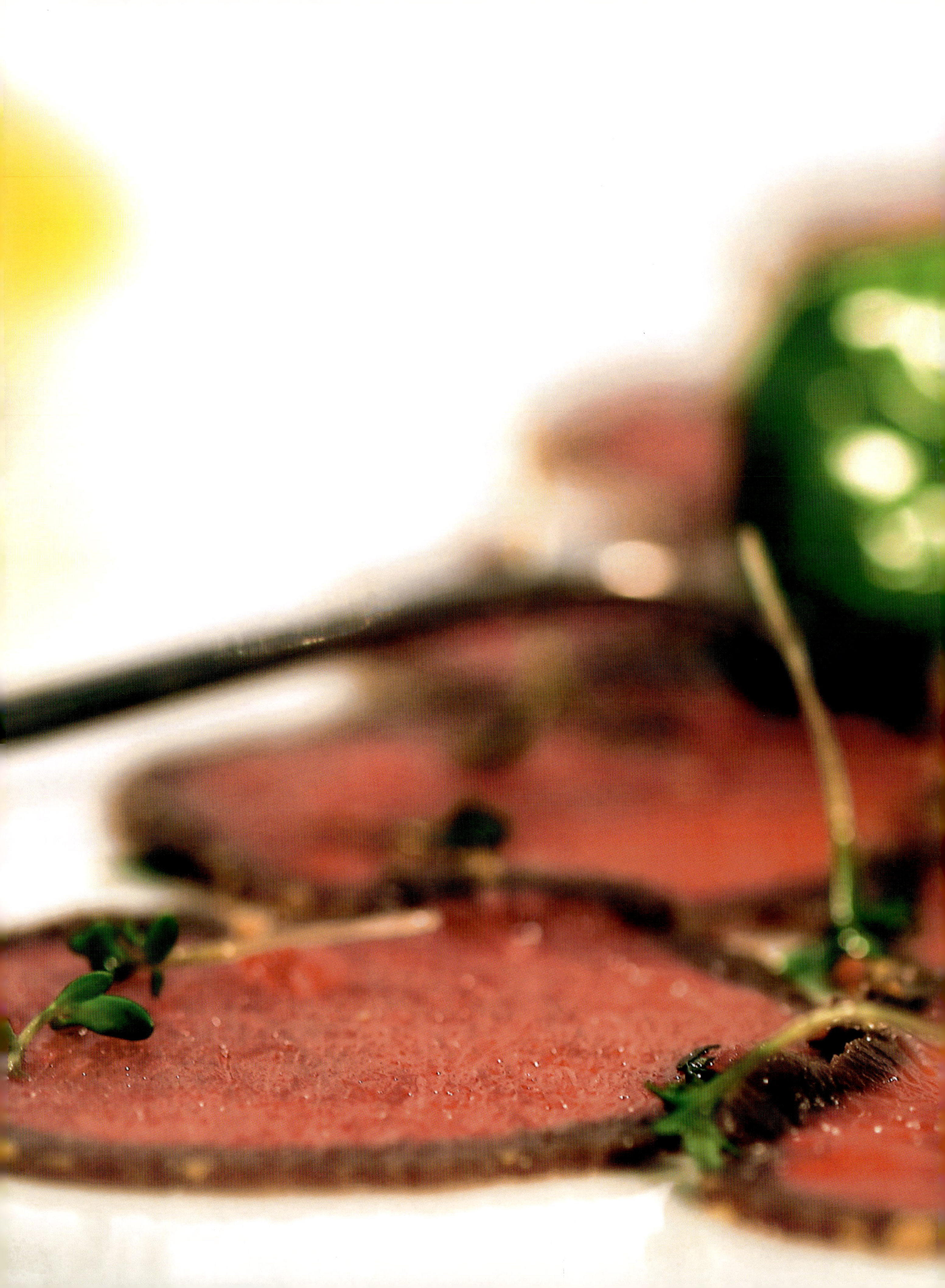

FÜR 4 PERSONEN

Carpaccio vom Damwild
Basilikumeis, Zitruscroûtons

№ 04

CARPACCIO
300 g	Hirschrücken
1 EL	grober Senf
3 Pakete	Gartenkresse
	Pfeffer, Salz

BASILIKUMEIS
1 Bund	Basilikum
je 1 EL	Parmesan & Pinienkerne
je 1	Zitrone, Orange, *geschält*
100 ml	Olivenöl

ZITRUSCROÛTONS
6 Scheiben	Weißbrot
je 3	Orangen & Zitronen
1 l	Orangensaft
150 g	Zucker

1 *Carpaccio:* Hirschrücken in längliche, 5 cm dicke Stücke schneiden. Mit Salz und Pfeffer würzen, mit Senf einreiben und in Gartenkresse wälzen. Fleischstücke in Frischhaltefolie einschlagen, mit Aluminiumfolie in zylindrige Formen bringen und einfrieren. Danach auf einer Aufschnittmaschine in hautdünne Scheiben schneiden.

2 *Basilikumeis:* Alle Zutaten in einen Mixer geben und pürieren. Masse in einer Eismaschine gefrieren lassen.

3 *Zitruscroûtons:* Orangensaft zu einem Fond einkochen und mit Zucker reduzieren lassen (bis nur noch ca. 150 ml übrig sind). Darin filetierte Orangen und Zitronen einlegen. Aus dem Weißbrot mit Hilfe eines Ausstechers Scheiben ausstechen und leicht anrösten. Fruchtfilets auf Croûtons verteilen und mit dem Fond überziehen.

Tipp: Der Klassiker vom Rind erfährt mit dieser Rezeptur eine verblüffende Variante.

FÜR 4 PERSONEN

Variation von Krustentieren
Safran, Tonkabohne, Kardamom

№ 05

TONKABOHNENSCHAUM

½ *Tonkabohne*, gerieben*

200 ml *Milch*

50 ml *Fischfond*

20 g *Zucker*

5 g *Salz*

1 EL *Pernod*

ANGESCHWENKTES MIT KARDAMOM

je 60 g *Flusskrebse & Hummer*
(oder nur Flusskrebse)

5 g *Ingwer*

je 10 g *Schalotten & Kürbischutney*

1 TL *Kardamom*

1 EL *Butter*

1 Prise *Koriandersamen, gemahlen*

1 Prise *Salz*

1 TL *Koriandergrün,*
in feine Streifen geschnitten

SÜLZE VOM SAFRAN

200 ml *Fischfond*

3 cl *Pernod*

2 cl *Noilly Prat*

je 60 g *Flusskrebse & Hummer*

100 g *Fenchel,*
in feine Scheiben geschnitten

30 g *Salatgurke*

3 Blatt *Gelatine**

1 Msp. *Safran*

Salz

1 *Tonkabohnenschaum:* Zucker in einer Pfanne karamellisieren, mit Pernod ablöschen und Fischfond hinzugeben. Ca. 10 Minuten einkochen lassen, dann die Tonkabohne* hineinreiben. Bei mittlerer Hitze ca. 20 Minuten kochen. Mit Salz abschmecken und mit Milch aufschäumen. (Je geringer der Fettgehalt der Milch ist, desto besser lässt sie sich aufschäumen.)

2 *Angeschwenktes mit Kardamom:* Ingwer und Schalotte in Streifen schneiden. Mit Butter, Kardamom, Koriandersamen und Salz in einem Topf erhitzen. Hummer hinzugeben ebenso die Flusskrebse und das Kürbischutney. Alle Zutaten langsam warmschwenken. Zum Servieren frisches, fein gehacktes Koriandergrün beigeben.

3 *Sülze vom Safran:* Fischfond mit Pernod und Noilly Prat aufkochen. Safran und Fenchel hinzugeben. Zusammen ca. 6 Minuten kochen lassen. 3 Blatt Gelatine* einweichen und unterrühren. Mit Salz den Fond abschmecken. Auf Zimmertemperatur erkalten lassen. Fond mit Fenchel, geschälter und gewürfelter Gurke, Hummer und Flusskrebsen in Gläser füllen und kalt stellen.

Tipp: Die Tonkabohne kann auch durch eine Vanillestange ersetzt werden.
Bananenblätter unter den Gläsern sehen gut aus und verhindern, dass die Gläser wegrutschen.

57

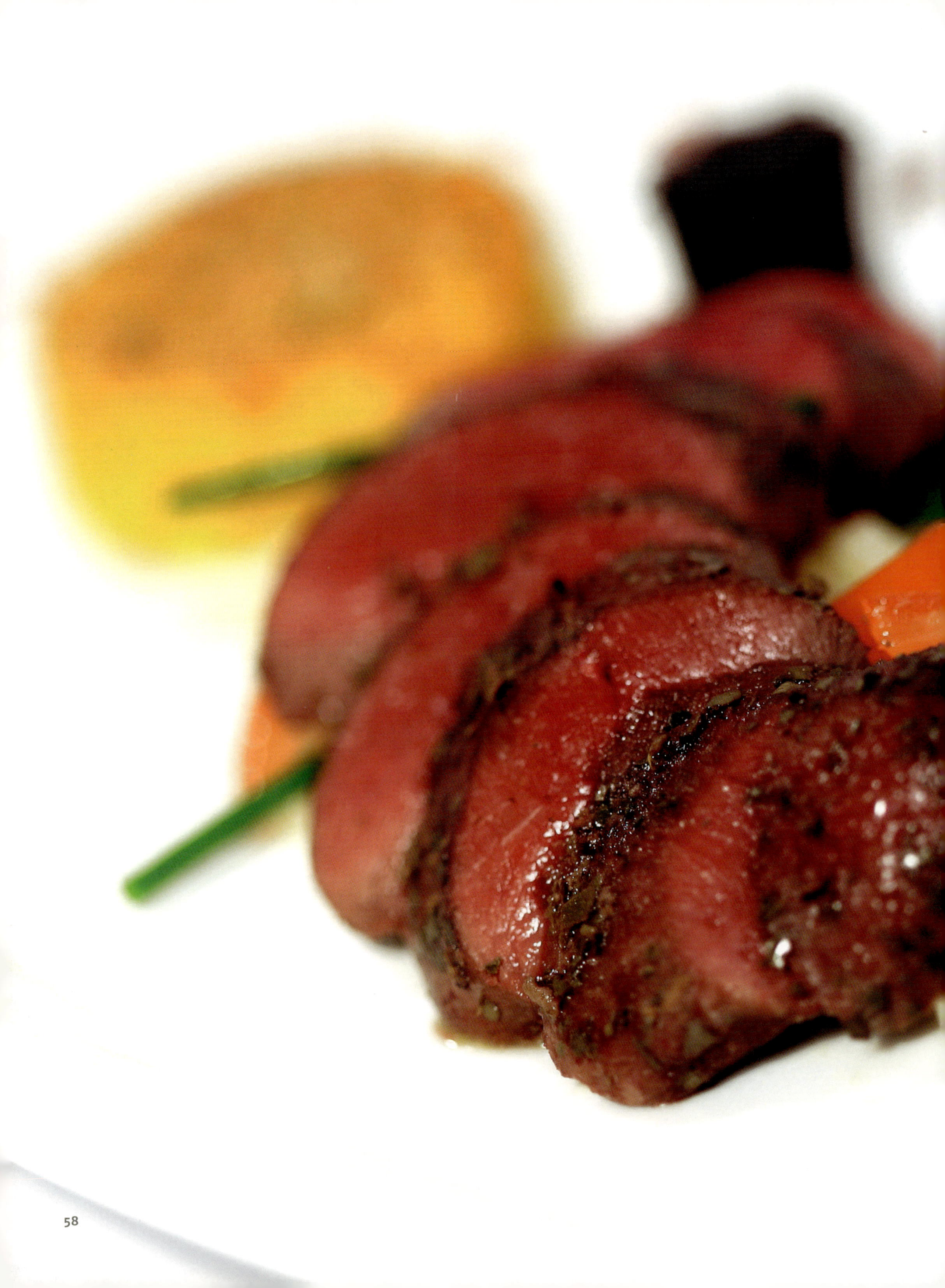

№ 06

FÜR 4 PERSONEN

Gebrannte Möhre
Taubensalat

MÖHRENROYALE

500 g	Möhren, geschält
70 g	Butter
je ½ Stange	Zitronengras & Vanille
je ¼ EL	Ingwerpulver & Honig
¼ Bund	Thymian
¼ TL	Lavendel
40 ml	Apfelsaft
50 ml	Sahne
½ EL	Sherryessig
3	Eier
4	Eigelb

REDUKTION

100 ml	Portwein
20 ml	Himbeersirup
10 ml	Sherryessig
je 1	Rosmarin- & Thymianzweig

GEMÜSESALAT

50 g	Sellerie
30 g	Topinambur*
20 g	Kirschtomaten
4 Stängel	Schnittlauch
je 5 g	Pistazien & Pinienkerne

TAUBE

4	Taubenbrüste
je 1	Thymian- & Rosmarinzweig
	Olivenöl, zum Braten
	Salz, Pfeffer

BALSAMICOGELEE

300 ml	alter Balsamicoessig
60 g	Zucker
2	Thymianzweige
3 Blatt	Gelatine*

1 *Möhrenroyale:* Klein gewürfelte Möhren mit Butter anschwitzen. Zitronengras, Vanillestange, Ingwer, Honig, Thymian und Lavendel hinzufügen. Mit Apfelsaft ablöschen und mit Sahne aufkochen, bis die Möhren weich sind. Restliche Zutaten dazugeben, mixen und passieren. In eine Kastenform füllen und bei 90 °C ca. 40 Minuten backen und garen.

2 *Reduktion:* Portwein, Himbeersirup und Sherryessig auf 30 ml einkochen. Kräuter zugeben, 20 Minuten ziehen lassen und passieren.

3 *Gemüsesalat:* Zutaten in Julienne (Streifen) bzw. Würfel schneiden und mit der Reduktion vermengen.

4 *Taube:* Taubenbrüste salzen und pfeffern, mit Thymian und Rosmarin in Olivenöl anbraten. Im Fächer anrichten.

5 *Balsamicogelee:* Balsamicoessig in einem Topf leicht reduzieren, Zucker und Thymianzweige hinzugeben, aufkochen und passieren. Geweichte Blattgelatine* unterrühren. Masse in eine rechteckige, flache Form gießen, erkalten lassen und in Würfel schneiden.

Tipp: Unbedingt auf die Qualität der Tauben achten!
Alternativ zur Taube bietet sich geräucherte, in feine Streifen geschnittene Schweinelende an. Zu der Süße der Lende passt wiederum hervorragend die leichte Säure von Kresse.

60

FÜR 4 PERSONEN

N⁰ 07 Gänseleber
Aal, tasmanischer Pfeffer

GÄNSELEBER

- 600 g *frische Gänsestopfleber* (*fest zum Braten*)
- 6 cl *Sauternes**
- 5 cl *weißer Portwein*
- 4 cl *Cognac*

GEWÜRZMISCHUNG

- 3 EL *Salz*
- 1 Prise *Pökelsalz*
- 1 TL *Pfeffer, aus der Mühle*
- 1 Prise *Zucker*
- 1 Msp. *Pastetengewürz* (*Stopflebergewürz*)

PFEFFERKARAMELL

- 120 g *Glukosesirup**
- 5 g *Meersalz*
- 80 g *Fondant**
- 20 ml *Weißweinessig*
- 1 TL *tasmanischer Pfeffer**

AAL-PFEFFER-REDUKTION

- 1 l *Apfelsaft*
- 50 g *Räucheraalabschnitte*
- 1 EL *Pfefferkaramell, Pulver*

APFELSCHEIBEN

- 2 *Äpfel*
- 150 ml *Apfelsaft*

1 *Gänseleber:* Aus dem Alkohol und den Zutaten der Gewürzmischung eine Marinade herstellen. Gänsestopfleber durch ein Haarsieb streichen, flach auf ein Blech verteilen. Marinade hinzugeben und 1 bis 2 Tage durchziehen lassen. Danach Leber von der Marinade befreien und wie eine Wurst (Durchmesser 3 cm) in Klarsichtfolie wickeln. Außen herum mit Aluminiumfolie fixieren. Im Wasserdampf bei 54 °C 45 Minuten lang pochieren. Anschließend 1 bis 2 Tage kühl stellen.

2 *Pfefferkaramell:* Glukosesirup, Meersalz und Fondant unter ständigem Rühren aufkochen bis dicke Blasen entstehen. Mit Weißweinessig ablöschen. So lange einkochen bis die Flüssigkeit verdampft und die Masse bernsteinfarben ist. Auf eine Backmatte geben, abkühlen lassen und den tasmanischen Pfeffer unterheben.

3 *Aal-Pfeffer-Reduktion:* Apfelsaft zu einer zähflüssigen Konsistenz (ca. 100 ml) einkochen. 1 EL Pfefferkaramell und die Räucheraalabschnitte hinzugeben. Alles so lange ziehen lassen, bis der Fond sich leicht rot färbt (ca. 20 Minuten). Danach abkühlen lassen. Der Fond sollte eine zähflüssige Konsistenz haben.

4 *Apfelscheiben:* Äpfel in gleichmäßige Scheiben schneiden und in Apfelsaft blanchieren. Danach in 3 cm breite Scheiben ausstechen.

5 *Anrichten:* Eine etwa ½ cm dicke Scheibe Stopfleber abschneiden und mit einem Ausstecher in Größe der Apfelscheibe bringen. Apfel-Pfeffer-Fond darüber geben und mit einem Stück Räucheraal servieren. Teller mit Punkten von Balsamico, Kürbiskernöl und Rosé-Reduktion dekorieren.

Tipp: Ein ganz besonderes Gericht – mit feinsten Nuancen abgestimmt. Wer keinen Aal mag, bereitet den Klassiker mit Feige und Portwein zu.

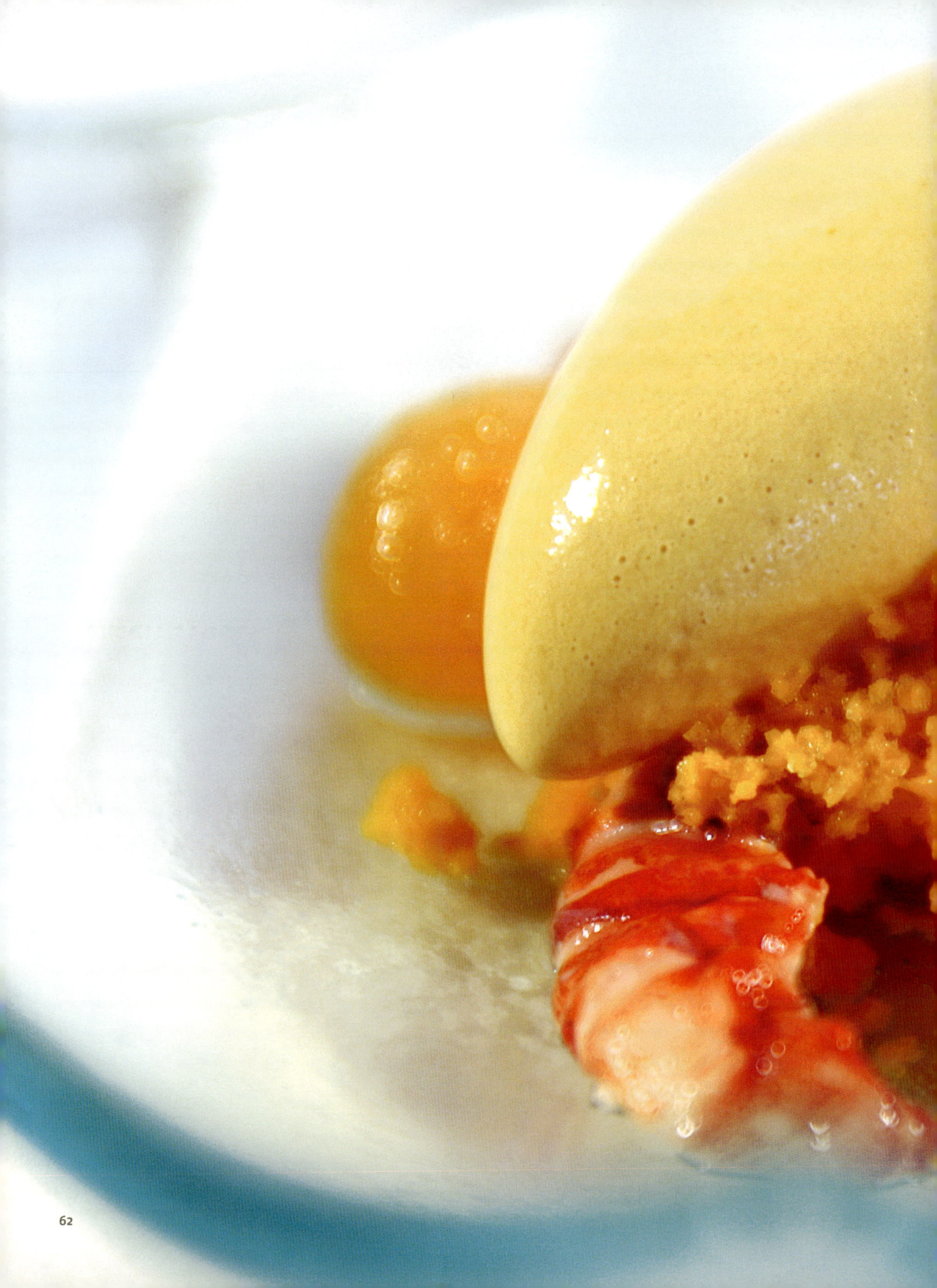

FÜR 4 PERSONEN

№ 08

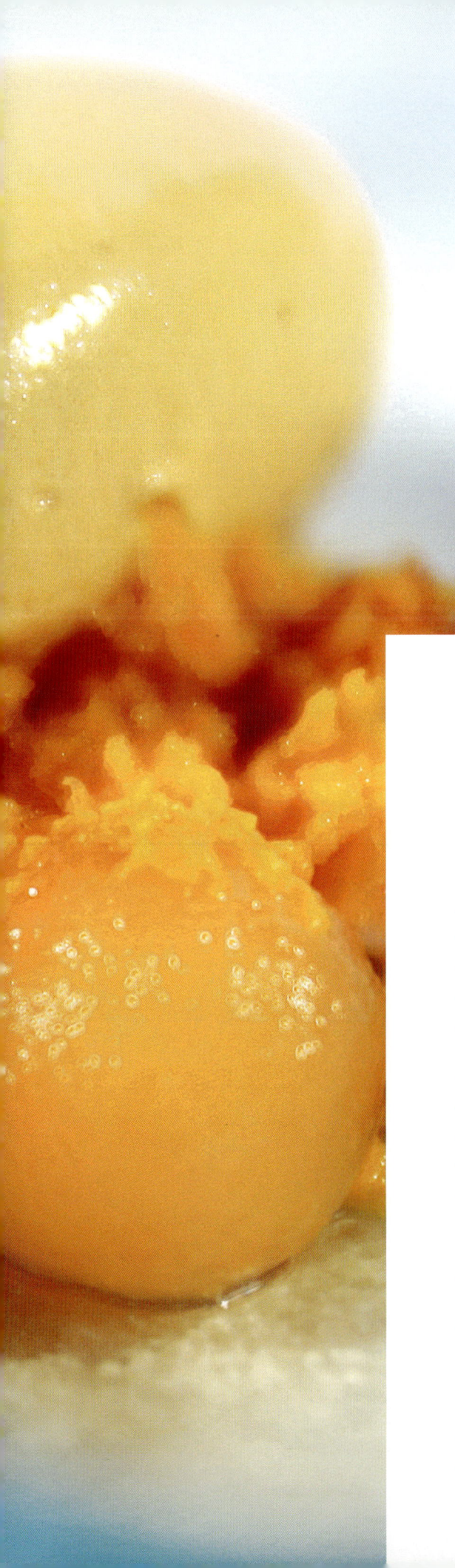

Flusskrebseis
Melonengranité

FLUSSKREBSEIS

100 g Zitronengras
4 cl Noilly Prat
2 cl weißer Portwein
¼ TL Currypulver
250 ml Krustentierfond
(siehe Grundrezepte, Fischfond)
250 ml Sahne
6 Eigelb
100 g Zucker
2 cl Cognac
Salz

MELONENGRANITÉ

1 reife Melone
(z. B. Honigmelone)
150 ml Krustentierfond
(siehe Grundrezepte, Fischfond)
1 cl weißer Portwein
1 Spritzer Zitronensaft
1 Spritzer Tabasco
1 cl Cognac

1 *Flusskrebseis:* Zitronengras, Noilly Prat, Portwein, Currypulver, Krustentierfond und Sahne aufkochen und passieren. Fond mit Eigelb und Zucker auf einem Wasserbad aufschlagen, zur Rose abziehen*. Mit Salz und Cognac abschmecken.

2 *Melonengranité:* Melone halbieren und Kerne entfernen. Zur Garnitur mit einem Kugelausstecher einige Melonenkugeln ausbohren. Restliches Melonenfleisch aus seiner Schale auslösen, mit den anderen Zutaten pürieren und einfrieren. Zum Servieren etwas von der gefrorenen Oberfläche abkratzen.

Tipp: Mein Sommer-Highlight, wenn es nicht unbedingt ein gemischtes Eis sein soll. Als erfrischende Vorspeise gedacht, aber auch beim Hauptgang kann man damit überraschen.

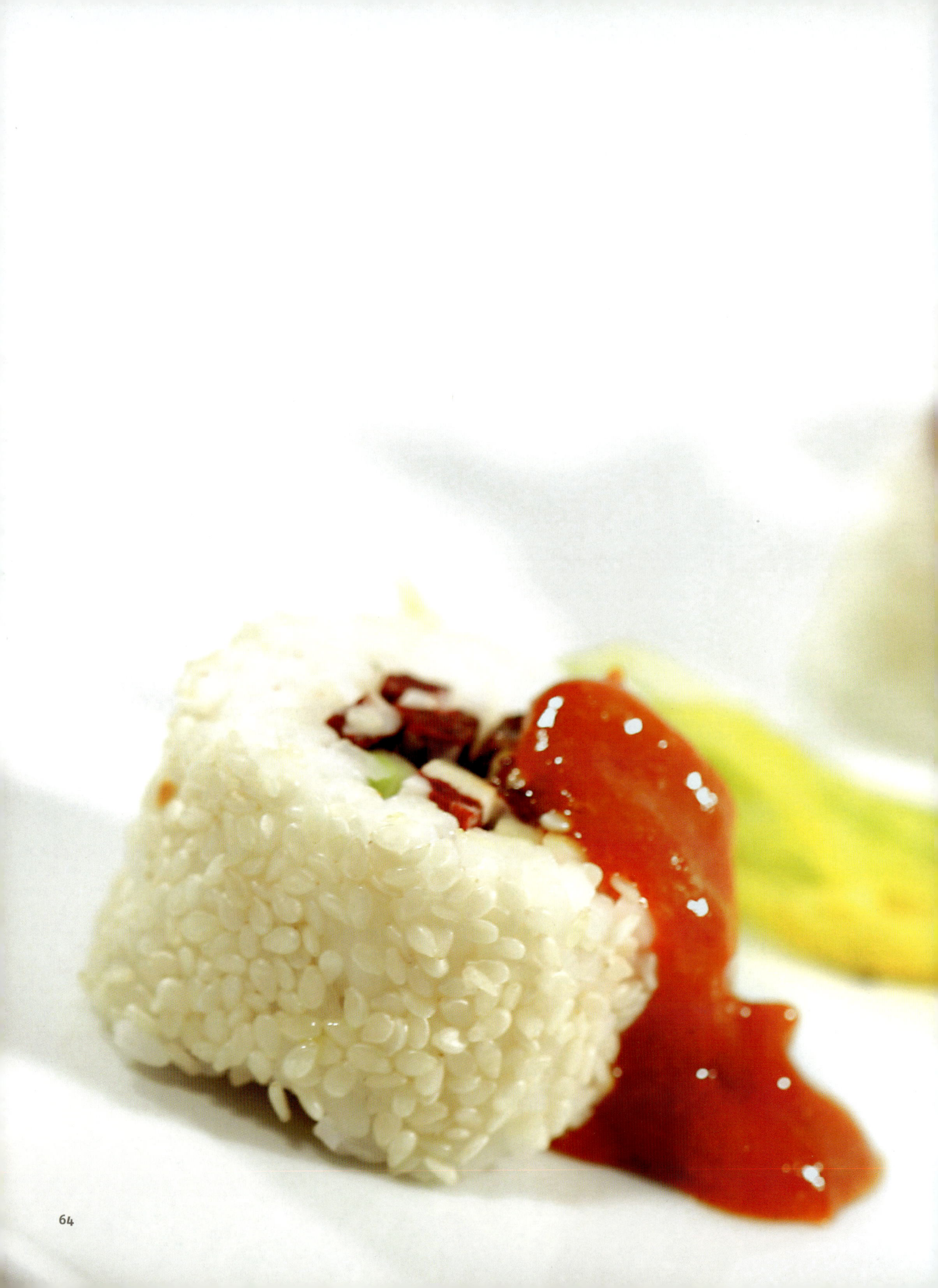

№ 09

FÜR 4 PERSONEN

Rheinhessen-Sushi
Saibling, Hagebutte, Blutwurst

200 g Nishiki-Sushi Reis
(polierter Rundkornreis)
2 Noriblätter*
2 EL Sojasauce
1 EL Oystersauce*
(zum Verfeinern der Sojasauce)
1 TL schwarzer Sesam
100 g weißer Sesam
30 g Blutwurst, in feinen Streifen
40 g Saibling
40 g Hagebuttenmark
50 g Fenchel
120 g Löwenzahn
je 30 g Avocado & Salatgurke
Reisessig
Salz & Zucker

1 *Reis:* Reis nach Rezeptangabe (s. Verpackung) kochen. Im lauwarmen Zustand weiter verarbeiten.

2 *Sushi Saibling:* Auf dem mit Sojasauce bestrichenen Noriblatt eine Schicht Reis auftragen. Saibling sowie geschälte Salatgurkenstreifen in einer Linie darauf legen. Noriblatt Mithilfe einer Maki Su (Bambusrolle) in eine runde Form bringen (einwickeln).

3 *Nigiri Sushi Saibling, Hagebutte, Blutwurst:* Aus dem Reis Quader formen und mit Saiblingsstreifen, Blutwurstrauten, Avocadoblättern und einem Punkt von Hagebuttenmark versehen.

4 *California Role Blutwurst:* Reis auf einer Frischhaltefolie ausbreiten (ca. 1 cm dick). Ein in der Mitte halbiertes Noriblatt darauf legen und mit Blutwurst und Avocadostreifen versehen. Mit der Maki Su die Rolle in Form bringen. Abschließend in weißem Sesam wälzen.

5 *Fenchel-Löwenzahn-Salat:* Fenchel in einer Marinade aus Reisessig und Zucker einlegen und aufkochen lassen. Erkalten lassen. Löwenzahn und schwarzen Sesam dazugeben.

Tipp: Meine rheinhessische Leibspeise.

FISCH

»*Fisch muss in jedem Fall frisch sein. Das heißt, die Augen des Fisches müssen klar sein, die Kiemen dunkelrot leuchten, der Fisch sollte nicht streng ›nach Fisch riechen‹ und das Fleisch sich bei leichtem Druck elastisch anfühlen.*«

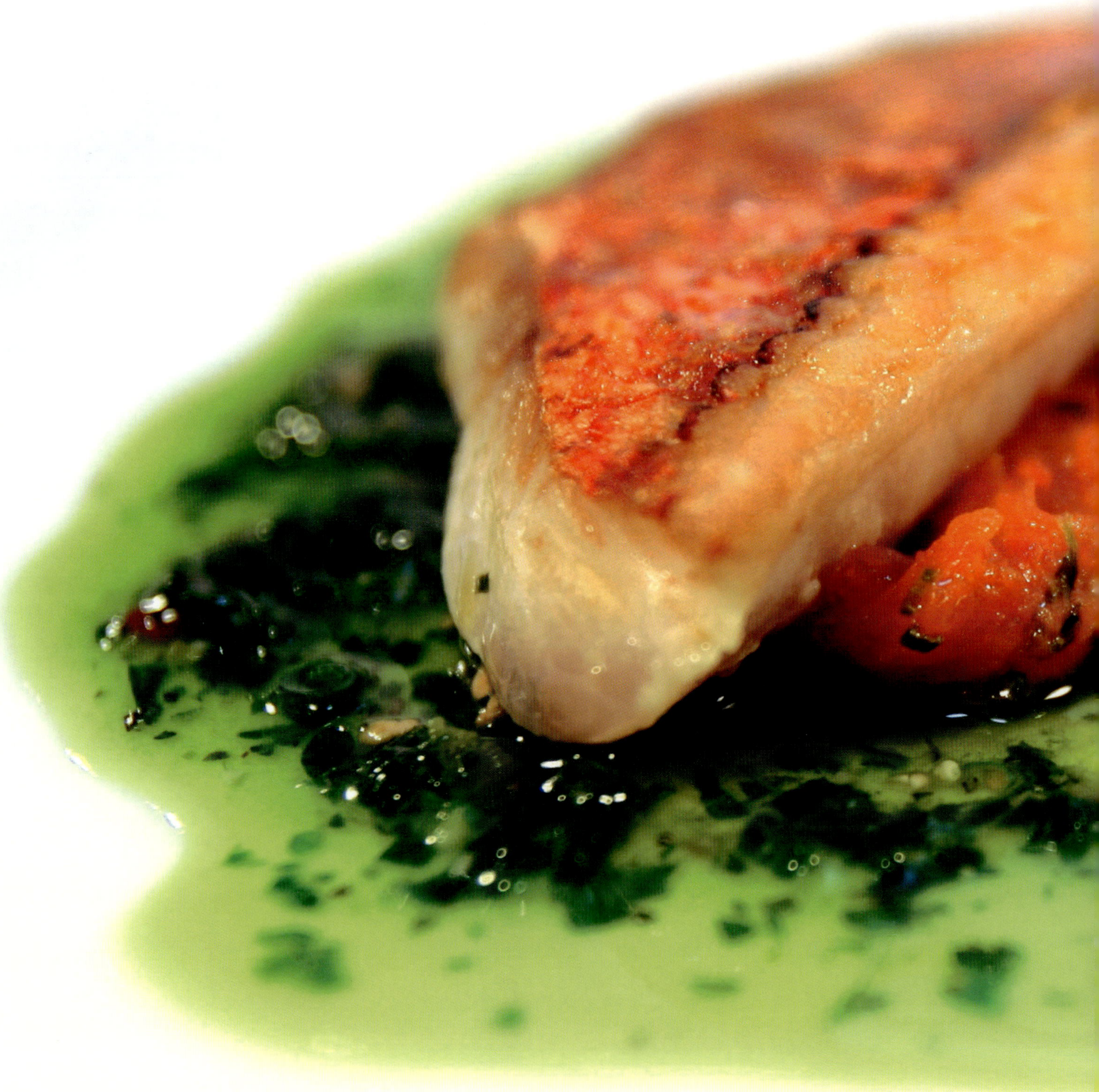

FÜR 4 PERSONEN

№ 10 Rotbarbe mit Confit-Tomaten
Kräuteröl

CONFIT-TOMATEN

- 8 *reife Tomaten*
- 1 *Knoblauchzehe*
- je 1 *Rosmarin- & Thymianzweig*
- 4 *Basilikumblätter*
- ½ TL *Zucker*
- *Olivenöl*
- *Estragonessig*

ROTBARBE

- 4 *Rotbarben (300 bis 400 g)*
- ½ *Zitrone, Saft*
- *Salz*
- *weißer Pfeffer*
- *Olivenöl*
- 1 *Knoblauchzehe, angedrückt*
- 50 g *Butter, in dünne Scheiben geschnitten*

SALSA VERDE

- je 1 *Petersilie & Basilikum Bund*
- je 1 *Rosmarin- & Thymianzweig*
- 1 *Knoblauchzehe*
- 1 TL *Kapern*
- 2 *Sardellenfilets*
- 200 ml *Olivenöl extra vergine*
- *Meersalz, Pfeffer*

KRÄUTERÖL

- 80 ml *Salsa verde*
- 80 ml *Olivenöl*
- 1 *Schalotte, fein gehackt*
- 1 *Knoblauchzehe, fein gehackt*
- je 1 Bund *Schnittlauch & Petersilie*
- 1 *Estragonzweig*
- *Salz, Pfeffer*

1 *Confit-Tomaten:* Tomaten schälen, vierteln und entkernen. Knoblauch fein hacken. Thymian und Rosmarin von den Stielen zupfen und mit dem Basilikum fein hacken. Knoblauch, Kräuter und Zucker unter die Tomatenviertel mischen. Ein Backblech mit Olivenöl ausreiben, Tomaten hierauf verteilen, mit Olivenöl und Estragonessig beträufeln. Bei 160 °C ca. 35 Minuten im Backofen schmoren.

2 *Rotbarben:* Rotbarben schuppen, filetieren, entgräten, portionieren und würzen. Filets auf der Hautseite in Olivenöl anbraten, aus der Pfanne nehmen, die Haut zu ²/₃ abziehen. Filets mit den Confit-Tomaten bedecken, eine dünne Butterscheibe darauf legen und den Fisch wieder in die Pfanne geben, Knoblauch zufügen. Im vorgeheizten Ofen bei 180 °C ca. 4 Minuten garen.

3 *Salsa verde:* Kräuter waschen und kleinzupfen. Mit den übrigen Zutaten im Mixer fein pürieren. Anschließend durch ein feines Sieb streichen.

4 *Kräuteröl:* Salsa verde, Olivenöl, Schalotte und Knoblauch verrühren. Kräuter waschen, fein hacken, unterrühren, mit Salz und Pfeffer abschmecken.

Tipp: Das Rezept habe ich aus Spanien. Fisch – mediterran zubereitet, ohne große Beilage – ein Gedicht.

FÜR 4 PERSONEN

Garnele und Spargel im Brotmantel
Bärlauchschaum

№ 11

GARNELE UND SPARGEL IM BROTMANTEL

12 Stangen *Spargel*

12 *Garnelen (ohne Schale und Kopf)*

1 *Baguette*

1 *Möhre*

12 *Bärlauchblätter*

Olivenöl, zum Anbraten

Salz & Pfeffer

BÄRLAUCHSCHAUM

100 g *Bärlauch*

2 *Schalotten, fein geschnitten*

250 ml *Brühe (Gemüse, Geflügel oder Rind)*

250 ml *Sahne*

2 cl *Noilly Prat*

1 EL *Essig*

20 g *kalte Butterwürfel*

Salz

Zucker

1 *Garnele und Spargel:* Spargel gut schälen. In kochendem Wasser mit etwas Salz und Zucker bissfest kochen, anschließend im Eiswasser abschrecken. Möhre schälen, mit einer Aufschnittmaschine längs in dünne Scheiben schneiden. In kochendem Salzwasser blanchieren, abschrecken und auf ein Küchenkrepp legen. Baguette ebenfalls auf einer Aufschnittmaschine längs in dünne Scheiben schneiden. Garnelen mit einem Schmetterlingsschnitt halbieren, zwischen einer Frischhaltefolie leicht plattieren und würzen.
Zutaten in folgender Reihenfolge auf Baguettescheiben schichten: Möhre, Garnele, Bärlauch und Spargel. Vorsichtig alles zu einer Rolle von der langen Seite aus wickeln. In einer Pfanne mit Olivenöl die Spargel-Garnelenpäckchen langsam 2 bis 3 Minuten braten und im Backofen ca. 5 Minuten bei 180°C goldgelb garen.

2 *Bärlauchschaum:* Schalotten mit Brühe, Sahne, Noilly Prat und Essig aufkochen und um $1/3$ reduzieren. Bärlauch fein schneiden. Sauce mit dem Bärlauch mischen und mit dem Pürierstab aufmixen. Anschließend durch ein Sieb streichen, mit kalten Butterwürfeln verfeinern und mit dem Pürierstab nochmals schaumig schlagen. Mit Salz und Zucker abschmecken.
Spargel-Garnelen-Päckchen auf Tellern anrichten, aufschneiden und mit Bärlauchschaum umgießen.

Tipp: Je größer der Brotmantel ist, desto aromatischer wird der Spargel. Vorsicht: Nicht zu viel Bärlauch nehmen, sonst schmeckt er bitter.

71

FÜR 4 PERSONEN

Jakobsmuschel in Pinienkernsauce
Wildreisgaletten

№ 12

JAKOBSMUSCHELN

- 12 *Jakobsmuscheln in der Schale (oder Jakobsmuschelfleisch)*
- 40 g *Kaiserschoten & Möhren, bissfest gekochte Streifen*
- ½ *Stange Lauch*
- ½ *Paprika*
- 1 TL *Korianderblätter, geschnitten*
- *Olivenöl und Butter, zum Braten*
- *Meersalz*
- *weißer Pfeffer, aus der Mühle*

PINIENKERNSAUCE

- 150 ml *Fischfond*
- 4 cl *Weißwein & Noilly Prat*
- 2 EL *Pinienkerne, geröstet*
- 50 g *kalte Butterwürfel*
- je 1 Spritzer *Balsamico bianco, Pinienkernöl & Tabasco*
- *Salz*

WILDREISGALETTEN

- 150 g *Wildreis (2 Tage in Wasser aufquellen lassen)*
- 3 *Eiweiß*
- 1 *Prise Zucker*
- ½ TL *Speisestärke*
- 3 EL *Möhren-, Sellerie- & Lauchwürfel, bissfest gekocht*
- ¼ Bund *Blattpetersilie, fein geschnitten*
- *Olivenöl, zum Braten*
- *Salz*
- *weißer Pfeffer, aus der Mühle*

1 *Jakobsmuscheln:* Jakobsmuscheln mit einem nicht zu scharfen, aber robusten Messer öffnen. Dafür mit dem Messer auf der flachen Seite der Muschel durch einen Schnitt nach vorne den Schließmuskel durchtrennen. Jetzt die Muschel öffnen und das Fleisch herausschneiden. Das Muskelfleisch in kaltem Wasser säubern, auf Papierkrepp zum Trocknen legen und abgedeckt kühl stellen. Danach Jakobsmuscheln mit Meersalz und Pfeffer würzen und in heißem Olivenöl von beiden Seiten zwei Minuten saftig braten.
Gemüsestreifen in heißer Butter anschwenken und mit Koriander, Salz und Pfeffer würzen.

2 *Pinienkernsauce:* Noilly Prat und Weißwein auf die Hälfte einkochen, mit Pinienkernen und Butter im Mixer fein pürieren und passieren. Mit Balsamico bianco, Pinienkernöl, Salz und Tabasco würzig abschmecken.

3 *Wildreisgaletten:* Eingeweichten Wildreis in reichlich, leicht gesalzenem Wasser einmal aufkochen und dann am Herdrand siedend bissfest garen. Wildreis abschütten, kalt abspülen und sehr gut abtropfen lassen.
Kurz vor dem Anrichten Eiweiß mit einer Prise Zucker und der Speisestärke steif schlagen. Alle Zutaten für die Galetten gut vermischen und mit Salz und Pfeffer würzen. In eine heiße Pfanne mit wenig Olivenöl löffelweise einsetzen und beidseitig braten, bis sie leicht gebräunt sind.

Tipp: Die Schale der Jakobsmuschel eignet sich wunderbar, um darin das Muschelfleisch anzurichten.

73

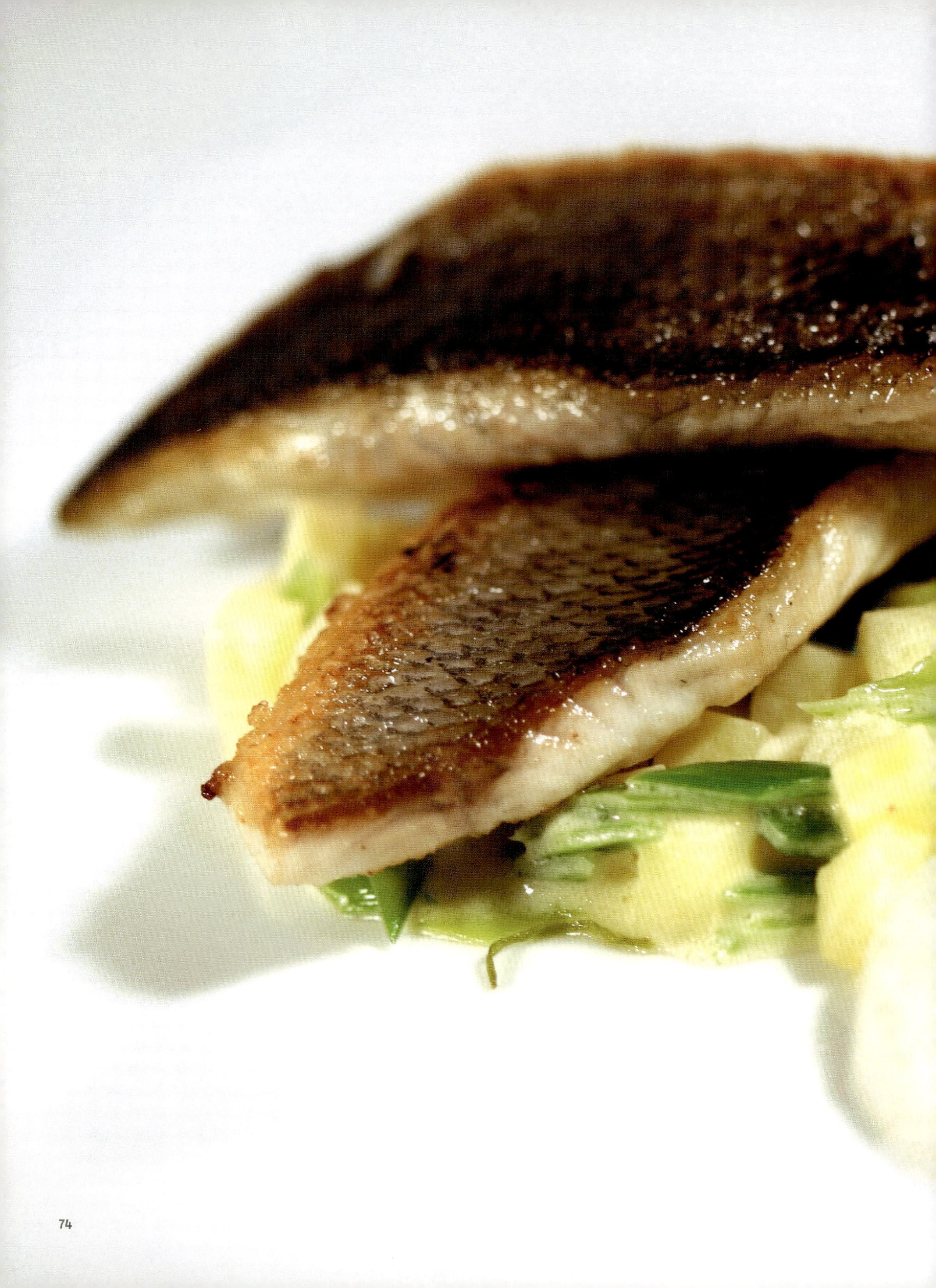

FÜR 4 PERSONEN

Wolfsbarschfilet
Lauch-Kartoffel-Ragout

N° 13

WOLFSBARSCHFILET

8	*Wolfsbarschfilets à 80 g*
1	*Zitrone, Saft*
	Pfeffer, aus der Mühle
	Meersalz

LAUCH-KARTOFFEL-RAGOUT

1 kg	*Kartoffeln*
250 g	*Lauch*
4	*Fleischtomaten*
400 ml	*Fischsauce Noilly Prat /* *(siehe Grundrezepte, Fischfond)*
200 ml	*Schlagsahne*
20 g	*Butter*
	Salz & Pfeffer

1 *Wolfsbarschfilet:* Gräten der Wolfsbarschfilets mit einer Fischzange ziehen und die Fettschicht an den Seiten abschneiden. Fisch in gleichmäßige Stücke zerteilen, mit Meersalz, Pfeffer und Zitronensaft würzen. In einer Pfanne von beiden Seiten goldgelb anbraten.

2 *Lauch-Kartoffel-Ragout:* Kartoffeln schälen, gleichmäßig würfeln und blanchieren. Lauch waschen und in Rauten schneiden. Tomaten häuten, Kerngehäuse entfernen und in Würfel schneiden. Lauchrauten in einer Pfanne mit Butter anschwitzen und Kartoffelwürfel beifügen. Mit Fischsauce auffüllen, leicht einkochen lassen bis zur gewünschten Konsistenz und mit Schlagsahne verfeinern. Abschließend Tomatenwürfel zu dem Lauch-Kartoffel-Ragout geben. Mit Salz und Pfeffer abschmecken. Lauch-Kartoffel-Ragout in der Tellermitte anrichten, den Wolfsbarsch darauf setzen. Die Fischsauce mit einem Stabmixer aufschäumen und um den Wolfsbarsch nappieren*.

Tipp: Ein großartiger Fisch – ein einfaches Gericht. Schmeckt auch sehr gut in der Salzkruste. Dafür Eiweiß und Salz mischen, den Fisch darin einpacken und im Ofen garen.

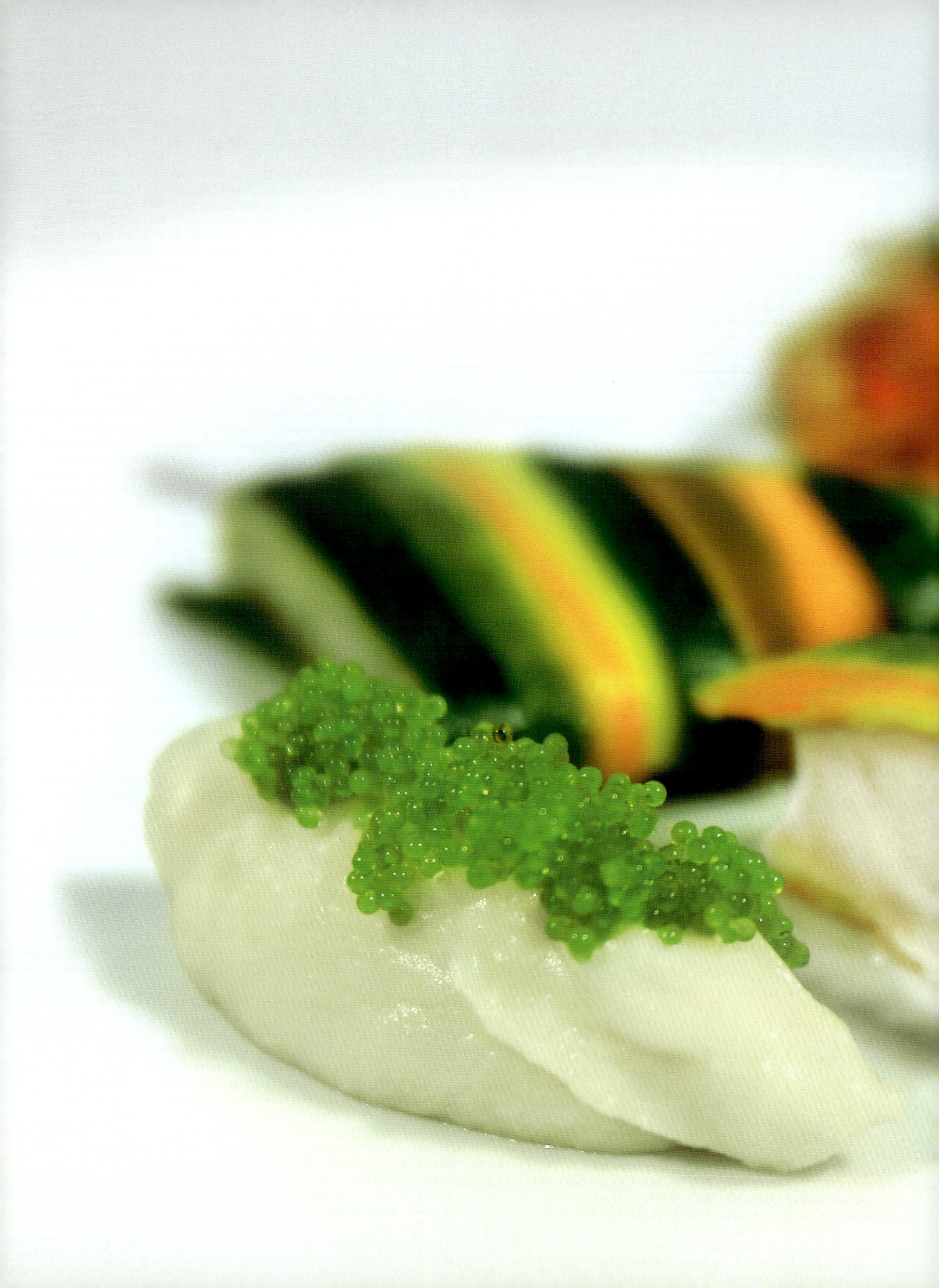

№ 14

FÜR 4 PERSONEN

Zander, Krustentier
Blumenkohl-Anis-Püree

ZANDER

400 g	**Zanderfilet**, grätenfrei
100 g	**Fischfarce** (siehe Grundrezepte, Farce)
1	**grüne Zucchini**
1	**gelbe Möhre**
1	**normale Möhre**
1	**Zitrone**, Saft
	Meersalz

HUMMER

30 g	**Schalotten**, in Streifen geschnitten
30 g	**Ingwer**, in Streifen geschnitten
1 TL	**Koriander**, in feine Streifen geschnitten
2	**Hummerschwänze**, gekocht
1 EL	**Butter**, mit Safran gemischt

JAKOBSMUSCHELN

4	**große ausgelöste Jakobsmuscheln**
1 TL	**grüner Fliegenfischkaviar** (Rogen von Fliegenfisch, mit Wasabi* vermengt) als Garnitur
	Olivenöl, zum Anbraten
1	**Zitrone**, Saft
	Meersalz

BLUMENKOHL-ANIS-PÜREE

150 ml	**Milch**
200 g	**Blumenkohl**
je 30 g	**Sahne & Butter**
	Anis, gemahlen
	Sternanis
	Muskat, Pfeffer & Salz

1 *Zander:* Zanderfilet in vier gleich große Stücke teilen. Mit Meersalz und Zitrone würzen. Möhren schälen und auf der Aufschnittmaschine in dünne Streifen schneiden. Zucchini ebenfalls der Länge nach dünn aufschneiden (nur die Schale verwenden). Gemüsestreifen in kochendem Salzwasser ca. 10 Sekunden blanchieren und im Eiswasser abschrecken. Gemüsestreifen abwechselnd auf ein Küchenkrepp legen, sodass eine gleichmäßige Matte entsteht. Diese mit Fischfarce dünn bestreichen. Zander mittig auflegen und vorsichtig mit der Gemüsematte einschlagen. Im Wasserdampf im Ofen oder Dämpfer laut der Grundtemperaturliste für Zander (S. 25) dämpfen.

2 *Hummer:* Schalotten, Ingwer und Safranbutter in einem Topf erhitzen. Die in Stücke geschnittenen Hummerschwänze hinzugeben und langsam erwärmen. Zum Servieren fein gehackten Koriander beigeben.

3 *Jakobsmuscheln:* Jakobsmuschelfleisch mit einem Messer im Karomuster leicht einritzen, mit Zitrone säuern und mit Meersalz würzen. Auf dem Grill die Muscheln kurz mit Olivenöl anbraten. Wichtig ist, dass die Jakobsmuscheln glasig bleiben.

4 *Blumenkohl-Anis-Püree:* Blumenkohl putzen und in kleine Stücke schneiden. Mit Milch und den Gewürzen in einem Topf weich dünsten. Sternanis entfernen, mit Sahne mixen und passieren, mit Butter verfeinern. Mit Salz, Pfeffer und Muskat abschmecken.

Tipp: Als Beilage eignen sich auch alle anderen Gemüsepürees.

FÜR 4 PERSONEN

Meeräsche unter der Pinienkernkruste
Rote Bete, Vanille

№ 15

MEERÄSCHE

1-2 kg	Meeräsche, *ganz*
1	Zitrone, *Saft*
	Meersalz
	Pfeffer, aus der Mühle

PINIENKERNKRUSTE

20 g	*Pinienkerne*
4	*Scheiben Toastbrot*
50 g	*Butter*
1	*Eigelb*
	Salz & Pfeffer

ROTE BETE & VANILLE

1	*kleine Rote Bete*
½	*Vanilleschote*
	Essig
	Butter
	Salz

1 *Pinienkernkruste:* Toastbrotscheiben entrinden, in kleine Würfel schneiden und bei mäßiger Hitze trocknen. Pinienkerne in einer Pfanne ohne Fett leicht anrösten. Getrocknete Toastwürfel mit den gerösteten Pinienkernen in einem Mixer fein mahlen. Masse mit temperierter Butter und Eigelb verkneten, mit Salz und Pfeffer abschmecken. Mit Klarsichtfolie die Pinienkruste zu Rollen formen und kalt stellen.

2 *Meeräsche:* Meeräsche schuppen, filetieren und in gleichmäßige Portionen aufteilen. Portionierte Filets mit Meersalz, Pfeffer und Zitronensaft würzen. In einer Pfanne von beiden Seiten goldgelb anbraten. Die gekühlte Pinienkernkruste in dünne Scheiben schneiden, auf die Meeräschenfilets legen und bei Oberhitze im Backofen gratinieren lassen.

3 *Rote Bete und Vanille:* Rote Bete mit einem Schuss Essig in Wasser weich kochen. Wasser abschütten und Rote Bete, solange sie noch warm ist, in Rauten schneiden. Anschließend mit etwas Butter, einer halben ausgekratzten Vanilleschote und etwas Salz kurz in der Pfanne schwenken.

Tipp: Statt Meeräsche passt auch Wolfsbarsch oder Dorade.

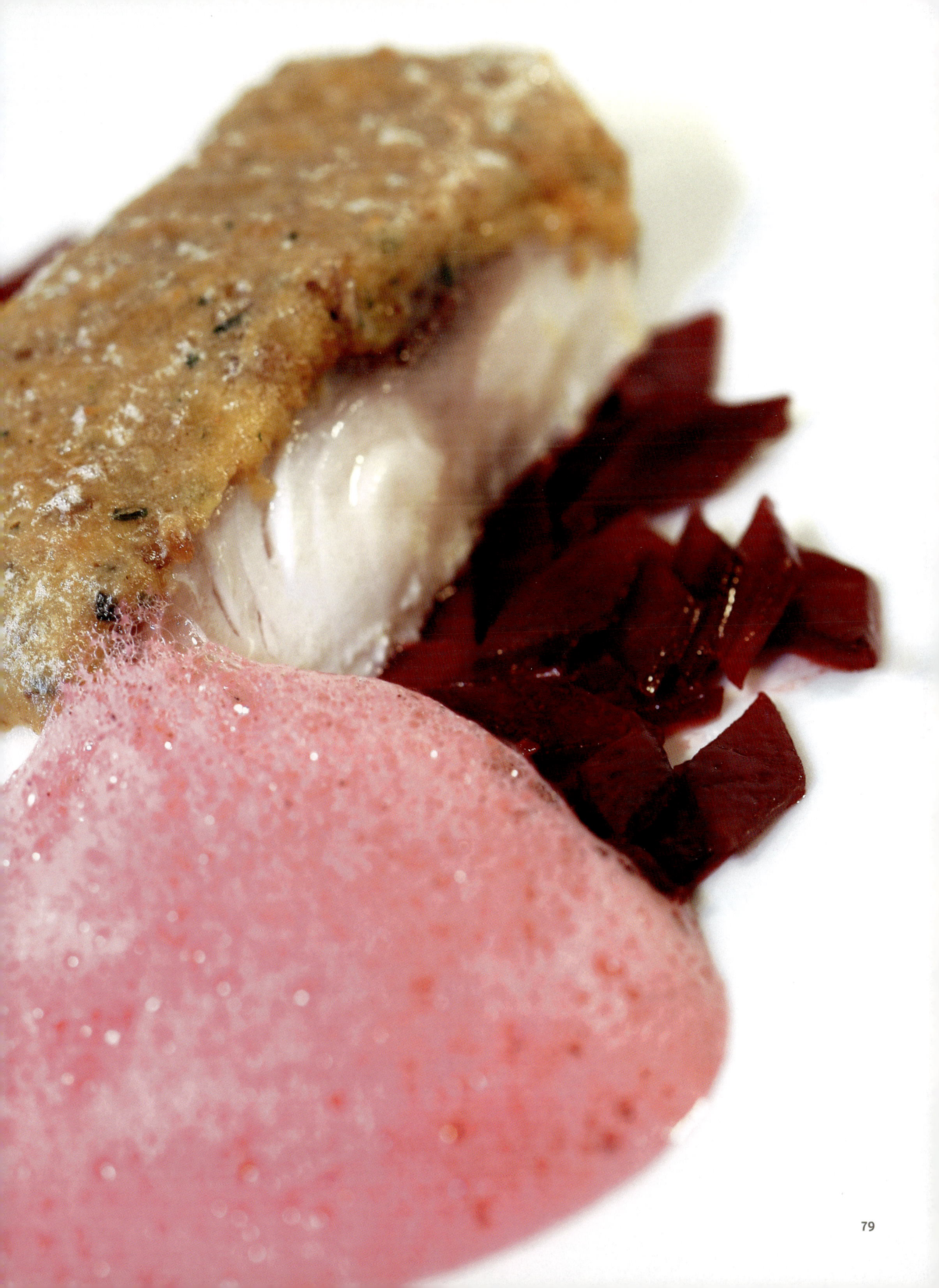

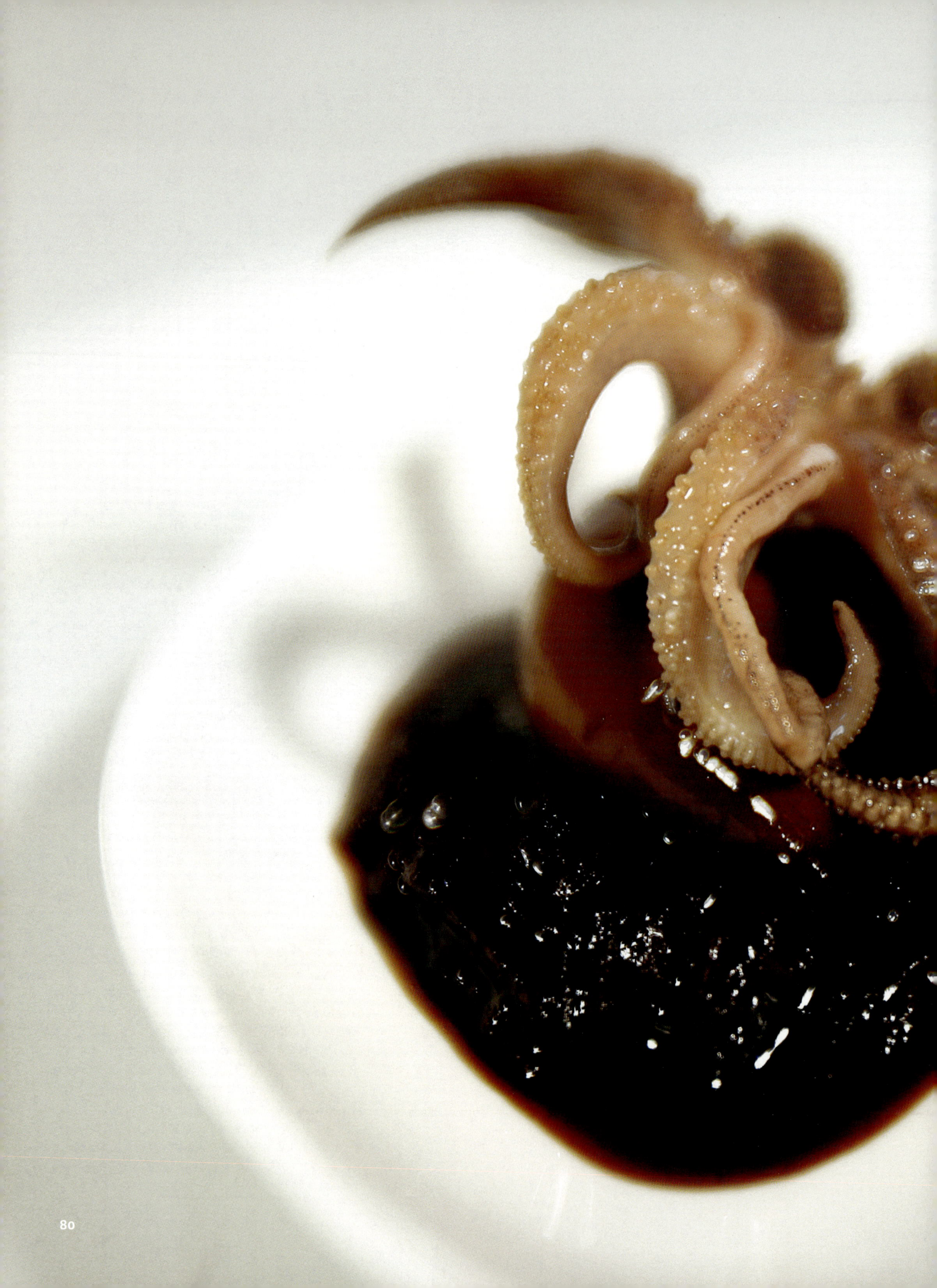

FÜR 4 PERSONEN

Gefüllte Calamaretti
Salat von Kalbszunge

№ 16

**KALBSZUNGENRAGOUT
KALBSZUNGENSALAT**

400 g	*Kalbszunge, gekocht*
50 g	*eingelegte Tomaten, in Streifen geschnitten*
30 g	*Schalotten, fein gewürfelt*
50 ml	*Portwein*
50 ml	*Kalbssauce (siehe Grundrezepte, dunkle Grundsauce)*
20 ml	*Ketjap Manis**
1 TL	*Purple Curry**
1 TL	*Tandoori Masala**

**EINGELEGTE
CALAMARETTI**

400 g	*ganze Calamaretti*
100 ml	*Olivenöl*
1	*Chilischote*
1 Stück	*Ingwer*
1 Stück	*Zitronengras*
1	*Knoblauchzehe*
1	*Rosmarinzweig*
	Olivenöl, zum Anbraten
	Meersalz

1 *Kalbszungenragout:* Gekochte Kalbszunge in Würfel schneiden. Eingelegte Tomaten und Schalotten anschwitzen, mit Portwein ablöschen und einkochen. Kalbszungenwürfel hinzugeben. Kalbssauce, Ketjap Manis*, Purple Curry* und Tandoori Masala* beigeben und aufkochen. Das Kalbszungenragout zur Hälfte als Füllmasse für die Calamaretti verwenden.

2 *Calamaretti:* Von den frischen Calamaretti Tentakel abschneiden. Diese gründlich mit Wasser durchspülen. Chilischote, Ingwer, Zitronengras und Knoblauchzehe klein schneiden, in einen Topf geben und mit Olivenöl auffüllen. Die geputzten Calamaretti und eine Prise Meersalz dazugeben, langsam warm rühren, bis sich die Tentakel entfalten. Calamarettituben von den Innereien befreien und die Haut mit einem Messer abziehen. Kalbszungenragout-Füllmasse mit Hilfe eines Spritzbeutels in die Tuben einfüllen. Pfanne mit Olivenöl erhitzen und unter ständigem Schwenken so lange die Tuben erwärmen, bis sie sich zusammenziehen. Das warme Zungenragout in einen tiefen Teller geben. Die zusammengezogene Tube oben auflegen und mit einer eingelegten Calamarettitentakel garnieren.

Tipp: Calamaretti schmecken auch sehr gut nur in Knoblauch, Olivenöl und Chili gebraten.

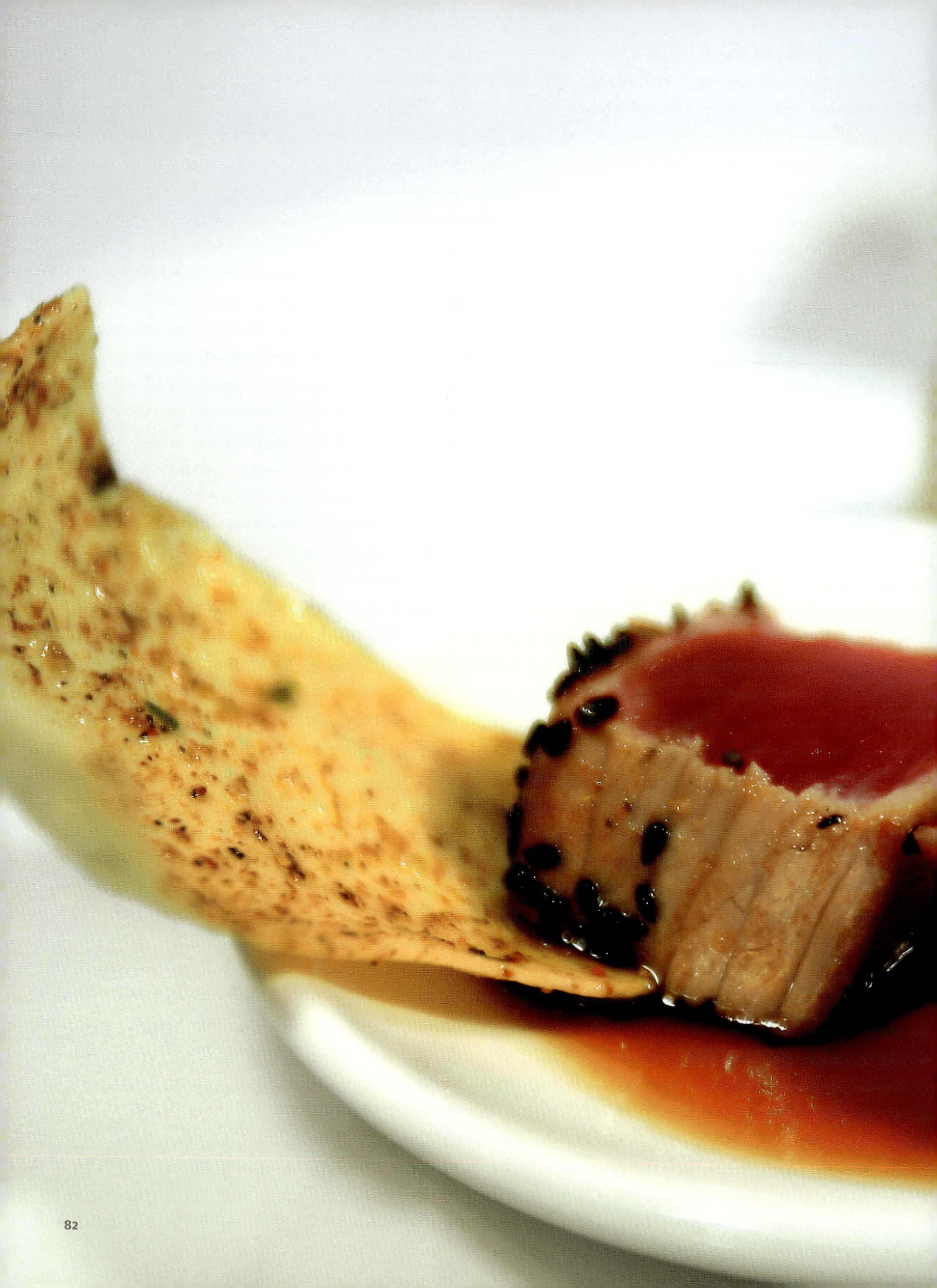

Nº 17

FÜR 4 PERSONEN

Thunfisch, Seeteufel
Soja, Sake

THUNFISCH

200 g	*Thunfisch, küchenfertig*
je 50 ml	*Soja & Sake*
je ¼	*Chilischote & Zitronengrasstängel*
3 Scheiben	*Ingwer*
10 g	*schwarzer Sesam*
	Olivenöl, zum Anbraten
½ Zitrone,	*Saft*
	Meersalz

SEETEUFEL

400 g	*Seeteufel, küchenfertig*
20 g	*Butter*
15 g	*Purple Curry**
	Olivenöl, zum Anbraten
½ Zitrone,	*Saft*
	Meersalz

THUNFISCHTATAR

120 g	*Thunfisch, küchenfertig*
1	*Schalotte*
¼	*Salatgurke*
½	*Zitrone*
1 Msp.	*Wasabi**
	Meersalz

SOJASCHAUM

30 ml	*Sojasauce*
20 ml	*Ketjap Manis**
2 Msp	*Wasabi**
1 Spritzer	*Zitrone*
3 g	*Lecithin**

1 *Thunfisch:* Thunfisch in acht gleich große Stücke schneiden. Aus Soja, Sake, Chilischote, Zitronengras und Ingwer eine Marinade herstellen und diese gut verrühren. Vier Stücke Thunfisch für ca. 2 Minuten in die Marinade legen und kurz von allen Seiten in Olivenöl in einer Pfanne anbraten. Die anderen vier Thunfischstücke mit Meersalz und Zitronensaft würzen, ebenfalls kurz von allen Seiten anbraten und in schwarzem Sesam wenden.

2 *Seeteufel:* Seeteufel von allen Seiten mit Meersalz und Zitronensaft würzen. Flüssige Butter mit Purple Curry* vermischen und Seeteufel damit einstreichen. Im Backofen bei 190 °C ca. 6 bis 8 Minuten je nach Größe garen.

3 *Thunfischtatar:* Thunfisch, Schalotte und Gurke in kleine Würfel schneiden. Alle Zutaten vermengen, mit Wasabi* und Meersalz abschmecken. Mit einem Ausstecher als Zylinder anrichten.

4 *Sojaschaum:* Alle Zutaten in einer Schüssel vermengen und mit einem Stabmixer solange mixen, bis sie einen Schaum ergeben.

Tipp: Nur das Mittelstück des Thunfischs verwenden – das Fleisch außen kann oft fasrig sein.

FÜR 4 PERSONEN

Thunfisch mit Koriander gebeizt
Erdnusspesto

№ 18

THUNFISCH & BEIZE

1 kg	*Thunfisch*
100 g	*grobes Meersalz*
40 g	*brauner Zucker*
6	*Sternanis*
8	*weiße Pfefferkörner*
8 g	*Kardamomkapseln*
1 Bund	*frischer Koriander*
250 ml	*dunkles Sesamöl*

ERDNUSSPESTO

100 g	*Sesam*
je 1 Bund	*Basilikum & Koriander*
1	*Knoblauchzehe*
½ Bund	*Zwiebellauch*
300 g	***Erdnüsse**, gemahlen und gesalzen (aus der Dose)*
250 ml	*Erdnussöl*
250 ml	*dunkles Sesamöl*

1 *Thunfisch:* Thunfisch vom Fischhändler parieren* lassen. In längliche Stücke mit einem Durchmesser von ca. 4 cm schneiden.

2 *Beize:* Restliche Zutaten über den Thunfisch geben und mit Sesamöl bedecken. Fisch im Kühlschrank 2 Tage in der Marinade ziehen lassen. Am Tag der Zubereitung Thunfisch aus der Marinade nehmen und von den Beizkräutern befreien.

3 *Erdnusspesto:* Basilikum und Koriander von den Stielen befreien, mit dem Knoblauch und dem klein geschnittenen Zwiebellauch in einem Mixer fein hacken. Mit den gemahlenen Nüssen mischen. Sesam- und Erdnussöl untermischen, bis eine dickflüssige Pestomasse entsteht.
Sesamöl von der Thunfischmarinade absieben, in einer Pfanne heiß werden lassen. Thunfisch von allen Seiten darin kross anbraten. Sesam in einer Pfanne ohne Fett rösten. Darin den gebratenen Thunfisch wenden. Thunfisch aufschneiden und mit dem Erdnusspesto anrichten.

Tipp: Dazu passt gut ein warmer Gemüsesalat.

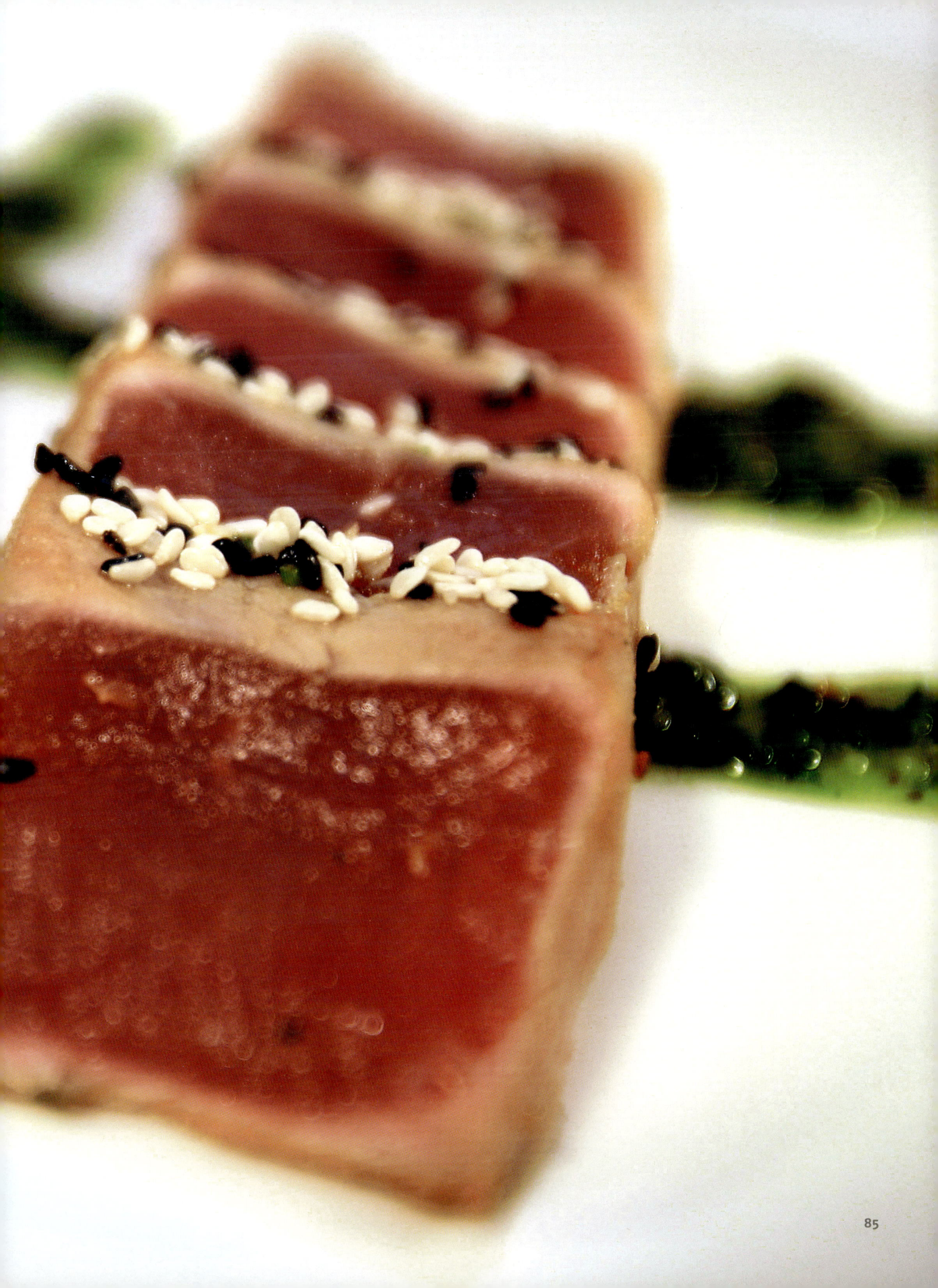

FLEISCH

>> *Gehen Sie zum Metzger Ihres Vertrauens. Kaufen Sie lieber seltener Fleisch, aber dann gute Qualität. Es lohnt sich und vor allem schmeckt man den Unterschied.*«

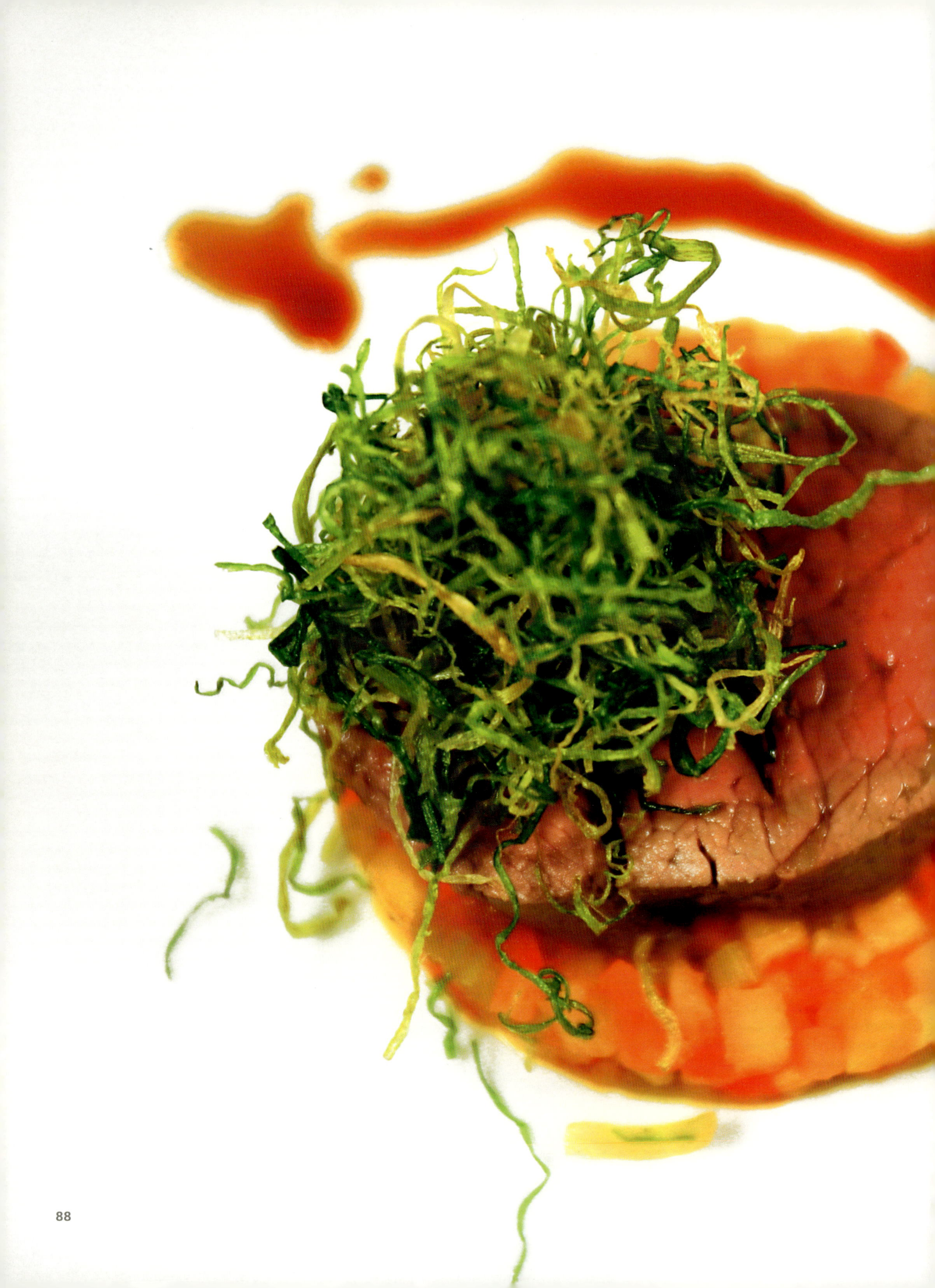

№ 19

FÜR 4 PERSONEN

Biorind
Gemüsechutney, Lauch

BIORIND

600 g	*Biorinderfilet, ausgesuchte Qualität, aus der Mitte, sehnenfrei*
3 g	*Mole**
20 g	*Butter*
5	*Thymianzweige*
	Pfeffer, aus der Mühle
	Meersalz

GEMÜSECHUTNEY

1 EL	*brauner Zucker*
je 10 ml	*Mango-Sirup & Balsamico bianco*
je 25 ml	*weißer Portwein & Chilisauce*
je 25 g	*Mango- & Ananaspüree, rote Paprika & Möhren*
2	*Sternanis*
	Lorbeerblätter
	Ingwer
je 100 g	*Möhren- & Selleriewürfel*
je 50 g	*Ananas-, rote Paprika- & Staudenselleriewürfel*
	Pfeffer, Salz

LAUCHSTROH

1	*Lauchstange*
	Salz

1 *Biorind:* Rinderfilet in gleichmäßige Portionen schneiden. Klarsichtfolie ausbreiten. Filet mit Meersalz, Pfeffer und Thymianzweigen würzen und fest in Klarsichtfolie einwickeln. Im Dämpfer laut der Grundtemperaturliste (S. 25) für Rind dämpfen. Für die Mole* Butter in einem kleinen Topf auflösen. Mole-Gewürzmischung unterrühren. Das fertig gegarte Biorind mit der Mole bestreichen.

2 *Gemüsechutney:* Braunen Zucker im Topf karamellisieren. Mit Mango-Sirup, Portwein, Balsamico bianco und Chilisauce ablöschen. Restliche Zutaten zerkleinern und dazugeben. Alles aufkochen und anschließend ca. 15 Minuten köcheln lassen, mixen und durch ein Sieb streichen. Gemüse- und Obstwürfel kurz in Salzwasser blanchieren, unter die Chutneymasse heben und mit Salz und Pfeffer abschmecken.

3 *Lauchstroh:* Lauchstange gründlich waschen und in feine Streifen schneiden. In kochendem Salzwasser kurz blanchieren, im Eiswasser abschrecken und auf einem Küchenkrepp abtrocknen. Lauchstreifen im Fettbad bei 180 °C für einige Sekunden frittieren. Zum Abtropfen auf ein Küchenkrepp legen.

Tipp: Die feinen kleinen Würfel vom Gemüsechutney passen besonders gut auch zu Zander, Wolfsbarsch oder Dorade.

FÜR 4 PERSONEN

Praline vom Kalb
Keniabohnen

№ 20

1 kg **Kalbsfilet**

200 g **Kalbsfarce**
(siehe Grundrezepte, Kalbsfarce)

200 g **Keniabohnen**

Schweinenetz*
(beim Metzger bestellen)

Olivenöl, *zum Anbraten*

Salz

Pfeffer, *aus der Mühle*

1 Kalbsfilet von seinen Sehnen befreien, in vier gleich große Stücke schneiden, mit Salz und Pfeffer würzen. Von allen Seiten in einer Pfanne in Olivenöl kurz anbraten und dann kalt stellen.
Keniabohnen mit einem Küchenmesser putzen, in kochendem Salzwasser blanchieren und anschließend in Eiswasser abschrecken. Keniabohnen auf die Länge der Kalbsfiletstücke mit einem Messer kürzen.
Das gewässerte Schweinenetz* 4 mal in Größe eines Rechtecks von ca. 12 × 18 cm auslegen. Die Mitte des Schweinenetzes mit Kalbsfarce bestreichen. Keniabohnen in eine gleichmäßige Reihe auf die ausgestrichene Farce legen. Angebratene Kalbsfiletstücke einzeln rundherum mit der Kalbsfarce bestreichen und exakt auf den Anfang der Bohnenreihe legen. Jetzt alles vorsichtig mit dem Schweinenetz als Praline umwickeln. Das Fleisch sollte vollkommen mit dem Schweinenetz umhüllt sein. Kalbspraline in einer Pfanne in Olivenöl anbraten und im Backofen bei 200 °C ca. 10 bis 12 Minuten garen. Nach dem Garen etwas ruhen lassen.

Tipp: Dazu passen fast alle Beilagen – Kartoffeln, Süßkartoffeln oder Pürees, aber auch Blumenkohl oder Sellerie.

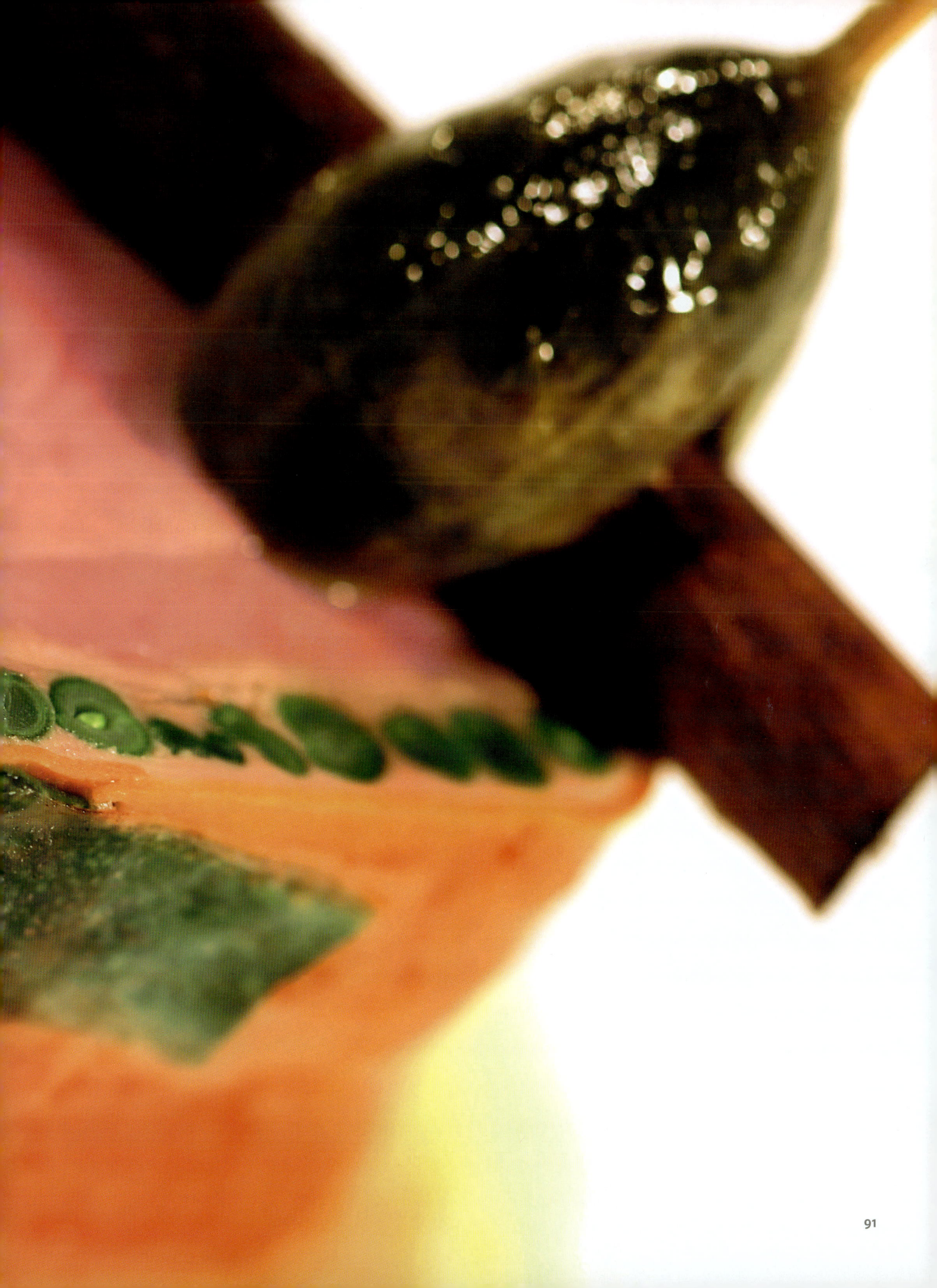

FÜR 4 PERSONEN

Lammkarree mit Pestohaube
Käsepolenta

№ 21

PESTOKRUSTE

¼ Bund	*Basilikum, gezupft*
½ Bund	*Blattpetersilie, gezupft*
½ EL	*Pinienkerne*
1 EL	*Parmesan, gerieben*
100 ml	*Olivenöl, kaltgepresst*
3 EL	*Paniermehl*
1	*Eigelb*
½	*Knoblauchzehe*
	Salz, Pfeffer, aus der Mühle

LAMMKARREE

1 kg	*Lammkarree (mit Knochen)*
1 EL	*Butterschmalz*
	Salz, Pfeffer, aus der Mühle

KÄSEPOLENTA

250 g	*Quickpolenta**
600 ml	*Milch*
80 g	*Butter*
50 g	*Parmesan*
	Salz, Pfeffer

1 *Pestokruste:* Olivenöl in ein schmales hohes Gefäß füllen. Kräuter und Pinienkerne, Knoblauch und Gewürze zugeben und zu einer dicken Sauce mixen. Dann Paniermehl, Eigelb und Parmesan dazugeben.

2 *Lammkarree:* Lamm von seinen Sehnen befreien. Dabei etwas Fett am Übergang zu den Knochen auf dem Fleisch belassen. Nach Belieben die Knochen mit einem kleinen Messer freiputzen. Fleisch würzen und in Butterschmalz allseitig gut anbraten. An der Fleischseite vorsichtig mit einem Küchentuch abtupfen und das Pesto darauf geben. Lammkarree jetzt bei 150 °C je nach Dicke des Fleisches 10 bis 15 Minuten garen. Anschließend an einem warmen Ort etwa 10 Minuten ruhen lassen. Vorsichtig portionieren

3 *Käsepolenta:* Milch und die Hälfte der Butter zum Kochen bringen, Quickpolenta* einrühren und unter Rühren fertig kochen, bis sich die Polenta vom Topfrand löst. Parmesan mit der restlichen Butter darunter geben. Mit Salz und Pfeffer abschmecken.

Tipp: Beim Lammfleisch unbedingt auf die Qualität achten. Keine Lammböcke kaufen, sonst entfaltet sich ein typischer Hammelgeschmack.

93

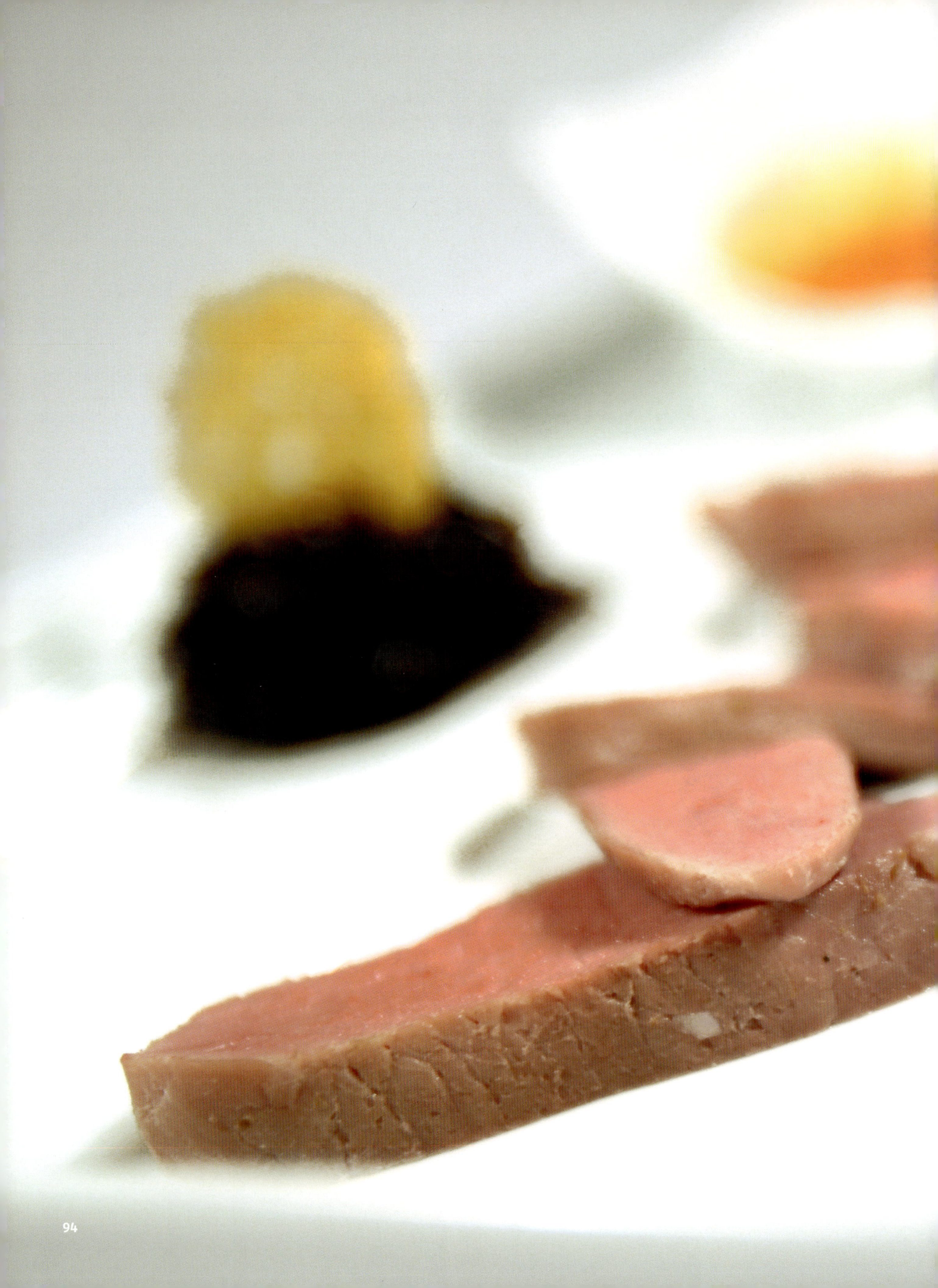

FÜR 4 PERSONEN

Lammrücken in Ziegenmilch
Kichererbsen, Minze

№ 22

LAMMRÜCKEN

800 g	Lammrücken, *pariert*
200 ml	Ziegenmilch *(z. B. im Reformhaus erhältlich)*
150 g	Ducca*
je 2	Rosmarin- & Thymianzweige
2	Knoblauchzehen
	Pfeffer, *aus der Mühle*
	Meersalz

KICHERERBSENPÜREE

1	kleine Dose Kichererbsen *(ca. 400 g)*
1 TL	Kreuzkümmel, *geröstet*
1	Knoblauchzehe
2 EL	Olivenöl
2 EL	Tahin* *(Sesampaste)*
½	Zitrone, *Saft*
	Minze
	Pfeffer, Salz

TOMATENMARMELADE

5	Strauchtomaten
1	Mango
100 ml	Balsamico bianco
150 g	Zucker
	Sternanis

PARMESANCHIP

80 g	Parmesan, *frisch gerieben*

1 *Lammrücken:* Lammrücken in acht gleich große Stücke schneiden. Vier Lammstücke mit Rosmarin, Thymian, Knoblauch, Meersalz und Pfeffer würzen und mit 50 ml Ziegenmilch in einen Vakuumbeutel einfüllen. Durch ein Folienschweißgerät den Beutel vakuumieren und laut Grundtemperaturliste (S. 25) für Lamm im Wasserdampf garen. Die anderen vier Lammstücke mit Ducca*, Meersalz und Pfeffer würzen und in Klarsichtfolie fest einwickeln. Ebenfalls laut der Grundtemperaturliste für Lamm dämpfen.

2 *Kichererbsenpüree:* Alle Zutaten zusammen im Mixer zu einer feinen Masse verarbeiten und mit Salz, Pfeffer und feinen Minzstreifen abschmecken. Vor dem Servieren leicht unter ständigem Rühren erhitzen.

3 *Tomatenmarmelade:* Strauchtomaten vierteln. Mango von Schale und Kern befreien und klein schneiden. Alle Zutaten in einem Topf verkochen. Sternanis nach dem Garen entfernen, Masse mixen und durch ein Haarsieb streichen

4 *Parmesanchip:* Geriebenen Parmesan auf einer Backmatte in Chipsform (Durchmesser ca. 4 cm) portionieren und bei 200 °C im Backofen goldgelb ausbacken.

Tipp: Wer keine Ziegenmilch mag, kann das Lamm in Dickmilch oder Kefir garen.

FÜR 4 PERSONEN

Rehrücken mit marinierten Steinpilzen
schwarze Schalotten

Nº 23

REHRÜCKEN

600 g	*Rehrücken* (küchenfertig, ohne Knochen)
500 g	*Steinpilze*
1 Bund	*Blattpetersilie*
2	*Schalotten*
2 EL	*Balsamicoessig*
	Wildsauce (s. Grundrezepte, dunkle Grundsauce)
6 EL	*Olivenöl*
2	*Rosmarinzweige*
	weißer Pfeffer
	Salz

SCHWARZE SCHALOTTEN

4	*dicke Schalotten*
100 ml	*Portwein*
100 ml	*Rotwein*
30 g	*Zucker*
50 g	*Butter*

1 *Rehrücken:* Rehrücken mit Salz und Pfeffer rundum würzen. In einer Pfanne in heißem Olivenöl bei mittlerer Hitze anbraten. Rosmarin dazugeben und im vorgeheizten Backofen für 10 Minuten bei 170 °C garen. Aus dem Ofen nehmen und in Alufolie gewickelt 5 Minuten ruhen lassen. Petersilienblätter und Schalotten fein hacken. Geputzte Steinpilze und Schalotten in einer Pfanne in heißem Olivenöl bei starker Hitze braten, salzen und pfeffern. Balsamicoessig mit Olivenöl und der gehackten Petersilie vermischen.

2 *Schwarze Schalotten:* Schalotten schälen, in feine Streifen schneiden und in einem Topf mit Butter weich dünsten. Zucker in einem zweiten Topf karamellisieren, mit Port- und Rotwein ablöschen und aufkochen. Die gelöste Karamellflüssigkeit zu den Schalotten geben, einreduzieren lassen, bis die Schalotten schön weich sind und keine Flüssigkeit mehr im Topf steht. Rehrücken aus der Folie nehmen und in gleichmäßige Stücke schneiden. Schwarze Schalotten in der Mitte des Tellers anrichten, Rehscheiben auflegen, Steinpilze gleichmäßig verteilen und mit Wildsauce leicht überziehen.

Tipp: Steinpilze sind je nach Saison auch mit jedem beliebigen europäischen Waldpilz austauschbar, wobei der Steinpilz immer die schmackhafteste Variante ist.

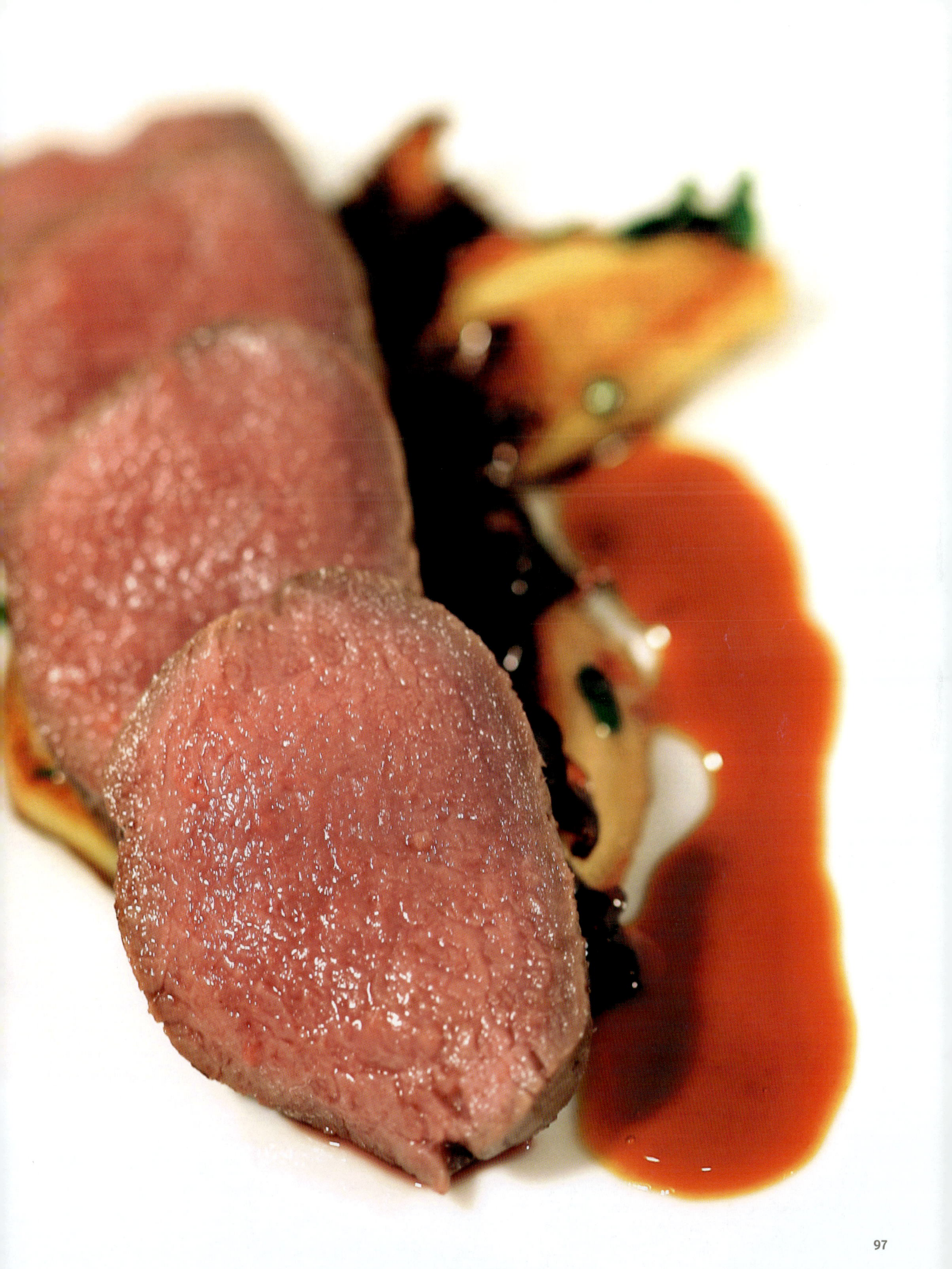

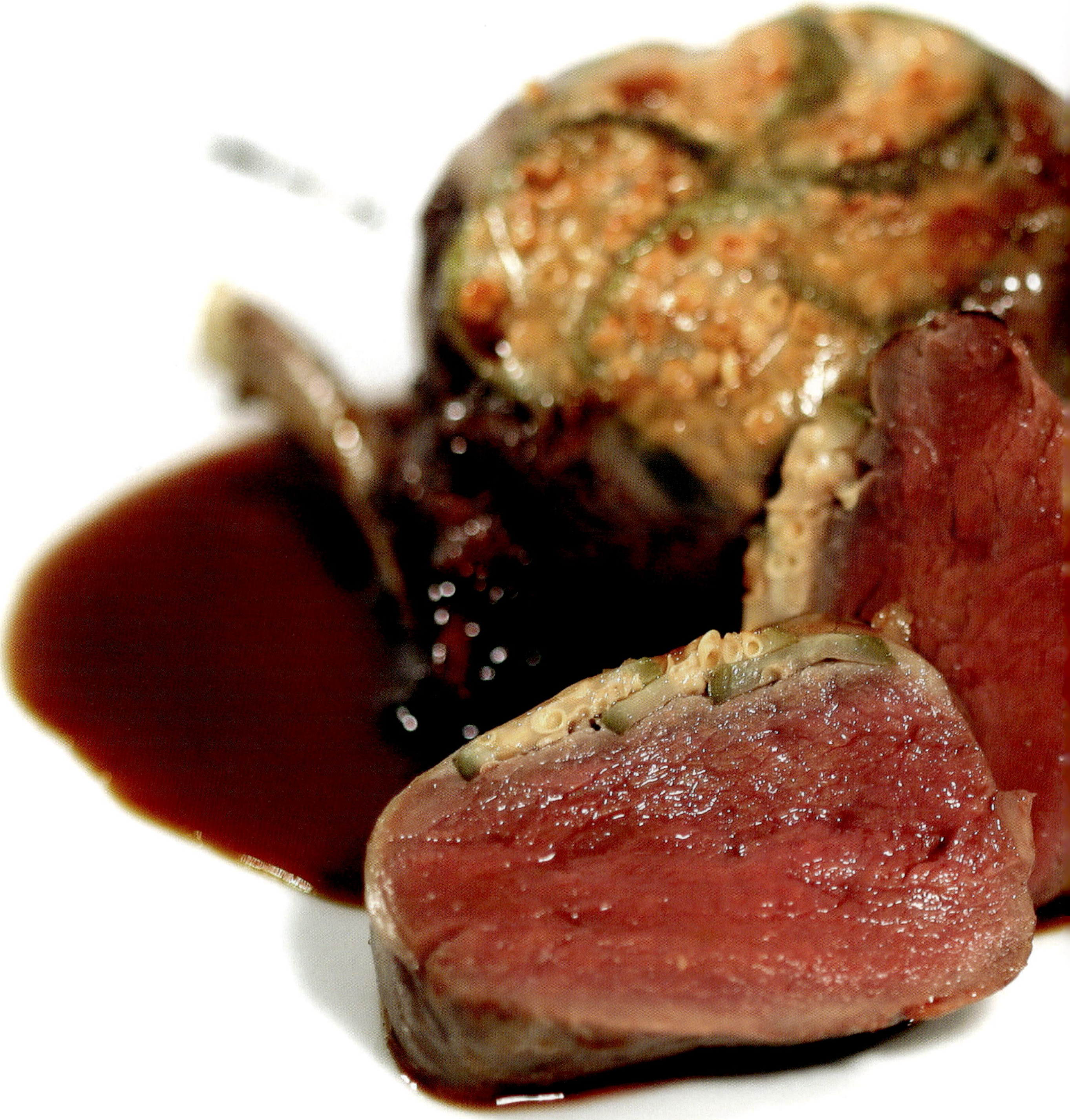

FÜR 4 PERSONEN

Kotelett vom Hirschkalb
Minizwiebeln

N° 24

KOTELETT

1 kg Hirschkarree
8 Kapernäpfel
Schweinenetz*
Olivenöl, zum Anbraten
tasmanischer Pfeffer*
Salz

MINIZWIEBELN

400 g Minizwiebeln
40 g Zucker
30 ml Champagneressig
30 ml alter Aceto Balsamico
150 ml Weißwein
1 Lorbeerblatt
3 Thymianzweige
Salz & Pfeffer

1 *Kotelett:* Hirschrücken von seinen Sehnen befreien und die Kotelettknochen mit einem kleinen Messer blank putzen. Hirschkarree in acht Koteletts aufteilen, mit Salz und tasmanischem Pfeffer aus der Mühle würzen. In heißem Olivenöl kurz von beiden Seiten anbraten, danach kalt stellen.
Kapernäpfel mit einem scharfen Messer in dünne Scheiben aufschneiden. Kapernscheiben auf Hirschkoteletts auflegen, mit dem gewässerten Schweinenetz* umhüllen und in einer Pfanne mit Olivenöl anbraten. Im Backofen bei 200 °C die Hirschkoteletts 6 bis 8 Minuten garen. Nach dem Garprozess etwas ruhen lassen.

2 *Minizwiebeln:* Minizwiebeln auf einem Blech mit Salz im Backofen bei 160 °C ca. 15 Minuten garen. Abkühlen lassen und mit einem Küchenmesser von ihrer Schale befreien. Zucker in einem Topf karamellisieren, Minizwiebeln zugeben, mit Weißwein ablöschen und mit Champagneressig und altem Aceto Balsamico auffüllen. Lorbeerblatt und Thymianzweige hinzugeben und alles ein wenig einreduzieren lassen. Zum Schluss salzen und pfeffern.

Tipp: Die Minizwiebeln kann man mit Perlzwiebeln aus dem Glas ersetzen. Dafür sollte man sie in Kalbssauce kurz anschwenken.

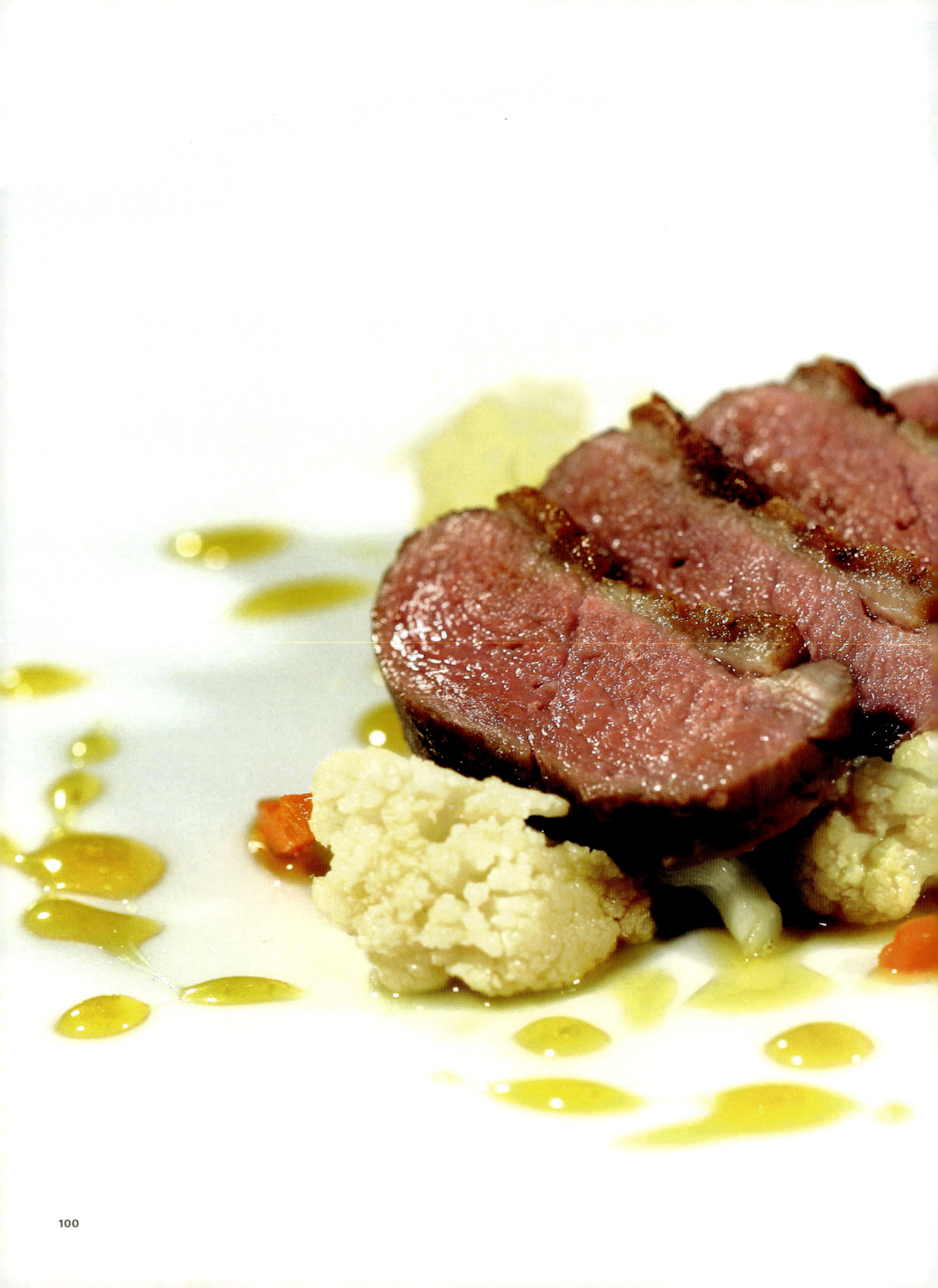

FÜR 4 PERSONEN

Honigente auf karamellisiertem Blumenkohl
Karottengemüse

№ 25

HONIGENTE

4	*Entenbrüste, pariert*

MARINADE

150 ml	*Orangensaft*
3	*Anissterne*
250 g	*Honig*
je 5	*Piment- & Wacholderkörner*
	Salz, Zucker

BLUMENKOHL-KAROTTEN-GEMÜSE

300 g	*Blumenkohlröschen*
150 g	*Karottenstifte*
1 TL	*Zucker*
½	*Orange, Saft*
2 cl	*Sake*
50 ml	*Gemüsebrühe*
40 g	*Butter*
½	*Zimtstangen*
1 cl	*Sesamöl*
	Pfeffer, aus der Mühle
	Salz

1 *Marinade:* Alle Zutaten mischen, kurz aufkochen und wieder erkalten lassen.

2 *Honigente:* Rohe Entenbrüste ca. 24 Stunden in die vorbereitete Marinade einlegen. Am Tag der Zubereitung auf der Hautseite kross anbraten und auf der Fleischseite im Ofen ca. 12 Minuten bei 160 °C gar ziehen lassen.

3 *Blumenkohl-Karotten-Gemüse:* Blumenkohlröschen und Karottenstifte getrennt voneinander in kochendem Salzwasser kurz blanchieren. Zucker in einem Topf leicht karamellisieren, mit Orangensaft, Sake und Gemüsebrühe ablöschen. Zimtstange und Butter hinzugeben, leicht einkochen, das Gemüse zugeben und alles durchschwenken. Zimtstange entfernen, mit Sesamöl verfeinern und mit Salz und Pfeffer abschmecken.

Tipp: Je länger die Ente in der Marinade liegt, desto intensiver schmeckt sie nach Honig. Die Marinade kann je nach Geschmack auch schärfer angesetzt werden, z. B. mit Chili oder Knoblauch.

№ 26

FÜR 4 PERSONEN
Taube in Bergpfeffer
Petersilienpüree

TAUBE
4	*Tauben*
4 EL	*Kalbssauce (siehe Grundrezepte, dunkle Grundsauce)*
20 g	*kalte Butterwürfel*
2	*Bergpfefferblätter*
	Pfeffer, aus der Mühle
	Meersalz

PETERSILIENPÜREE
500 g	*Kartoffeln, mehlig kochend*
100 ml	*Milch*
40 g	*Butter*
½ Bund	*Blattpetersilie, fein gemixt*
	Muskatnuss, Salz

1 *Taube:* Tauben mit einem Messer zerlegen. Haut von den Brüsten sauber schneiden, mit Meersalz und Pfeffer würzen. Taubenbrust in einem Vakuumbeutel durch ein Folienschweißgerät vakuumieren und laut Grundtemperaturliste (S. 25) im Wasserdampf garen.
Kalbssauce aufkochen, Bergpfefferblätter hinzufügen und mit kalten Butterwürfeln montieren.

2 *Petersilienpüree:* Kartoffeln schälen, vierteln, in Salzwasser weich kochen und durch ein feines Sieb streichen. Milch und Butter unterrühren. Petersilie dazugeben, mit Salz und Muskatnuss abschmecken.

Tipp: Statt des Petersilienpürees passen zur Taube auch karamellisierte Weintrauben.

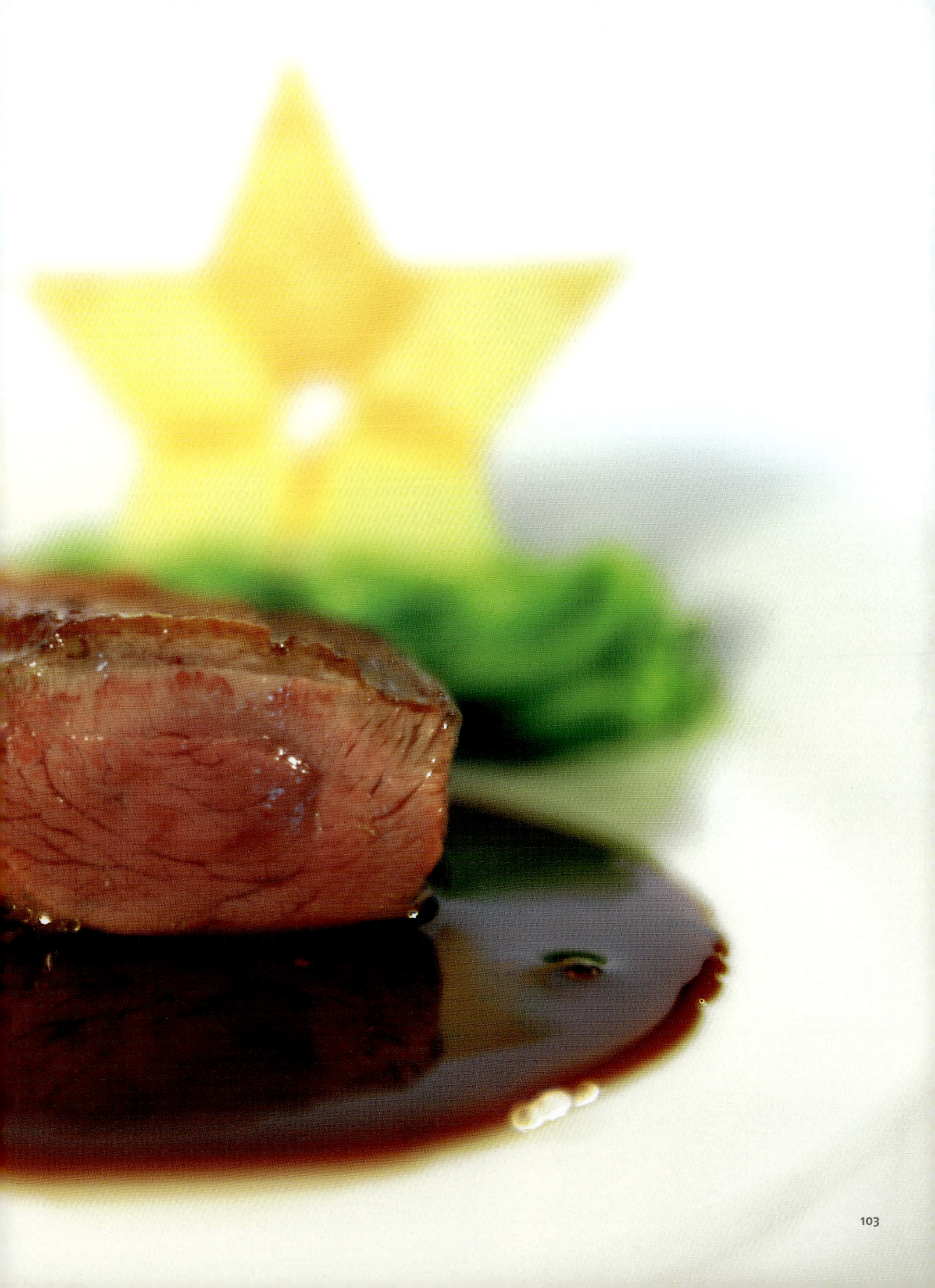

NACHSPEISEN

>> *Das Dessert ist der krönende Abschluss, ein kleiner Paukenschlag. Mein Tipp: Achten Sie darauf, dass immer etwas Obst dabei ist, wegen der Vitamine, Sie verstehen...* «

FÜR 4 PERSONEN

N⁰ 27 Lauwarmes Schokoladenküchlein
Hagebutteneis

SCHOKOLADENKUCHEN
180 g Zartbitterkuvertüre
180 g Butter
3 Eier
2 Eigelb
½ Vanilleschote
je 60 g Zucker & Mehl

HAGEBUTTENEIS
4 Eigelb
50 g Zucker
150 g kaltgerührtes Hagebuttenmark
250 ml Milch
125 ml Sahne
½ Vanilleschote
1 cl Rum
50 g weiße Kuvertüre

1 *Schokoladenkuchen:* Förmchen einfetten und zuckern. Kuvertüre und Butter im Wasserbad zu einer Masse vereinen. Eier, Eigelb, Vanille und Zucker ebenfalls im Wasserbad aufschlagen. Vorsichtig die geschmolzene Kuvertüre-Butter-Masse unter die Eigelbmischung rühren. Mehl mit einem Sieb nach und nach hinzugeben. Fertige Masse in Förmchen füllen. Rund zwei Stunden im Kühlschrank aufbewahren. Bei 170 °C ca. 12 bis 14 Minuten backen.

2 *Hagebutteneis:* Eigelb mit Zucker in einer Schüssel cremig rühren.

Milch mit Sahne und der aufgeschlitzten, ausgekratzten Vanilleschote aufkochen. Schote herausnehmen und unter Rühren die Eigelb-Zucker-Masse zugeben. Die Mischung nochmals auf den Herd stellen und unter ständigem Rühren zu einer cremigen Masse erhitzen (sie darf nicht kochen!). Rum zugeben. Masse abkühlen lassen und in der Eismaschine härten lassen. Inzwischen weiße Kuvertüre schmelzen. Flüssige Kuvertüre und kalt gerührtes Hagebuttenmark nach einigen Minuten zur gefrierenden Masse geben. Eis fertig frieren und portionieren.

Tipp: Durch den hohen Vitamingehalt (Vitamin C) ist die Hagebutte besonders gesund. Sie kann auch wunderbar im Tee getrunken werden.

FÜR 4 PERSONEN

№ 28

Panna cotta
Birnenragout

PANNA COTTA

600 ml	Sahne
4 Blatt	Gelatine*
2 Päckchen	(Bourbon-) Vanille
80 g	Zucker
	etwas Zitronensaft

BIRNENRAGOUT

200 g	reife Birnen, gewürfelt
250 ml	Weißwein
1 TL	Butter
2 EL	Zucker
2 cl	Grand Marnier
1 TL	Speisestärke
½ TL	Zitronenschale, unbehandelt

1 *Panna cotta:* Sahne (bis auf einige Esslöffel) mit Zucker, Vanillezucker und Zitronensaft fast bis zum Siedepunkt erhitzen. Übrige Sahne auf der Oberfläche der Gelatine* verteilen und quellen lassen. Die beinahe kochende Sahne von der Herdplatte nehmen und die aufgequollene Gelatine mit einem Schneebesen einrühren, bis sie völlig aufgelöst ist. In dünnwandige Teetassen oder kleine Schüsselchen füllen und mindestens drei bis vier Stunden in den Kühlschrank stellen.

2 *Birnenragout:* Birnen in Würfelchen schneiden. Butter und Zucker in einer Pfanne karamellisieren. Mit Weißwein ablöschen und so lange kochen, bis sich in der Pfanne das Karamell löst und der Wein fast eingekocht ist. Dann die gewürfelten Birnen zugeben. In etwas Wasser Speisestärke lösen und unter das Kompott mischen. Mit Zitronenschale und Grand Marnier verfeinern.

Tipp: Die Panna cotta kann man besser aus der Form lösen, wenn man diese kurz in heißes Wasser eintaucht.
Das Allroundrezept passt für alle Geschmacksrichtungen, ob zur Weihnachtszeit mit Zimt oder zur Sommerzeit mit Zitrone – besser geht's nicht.

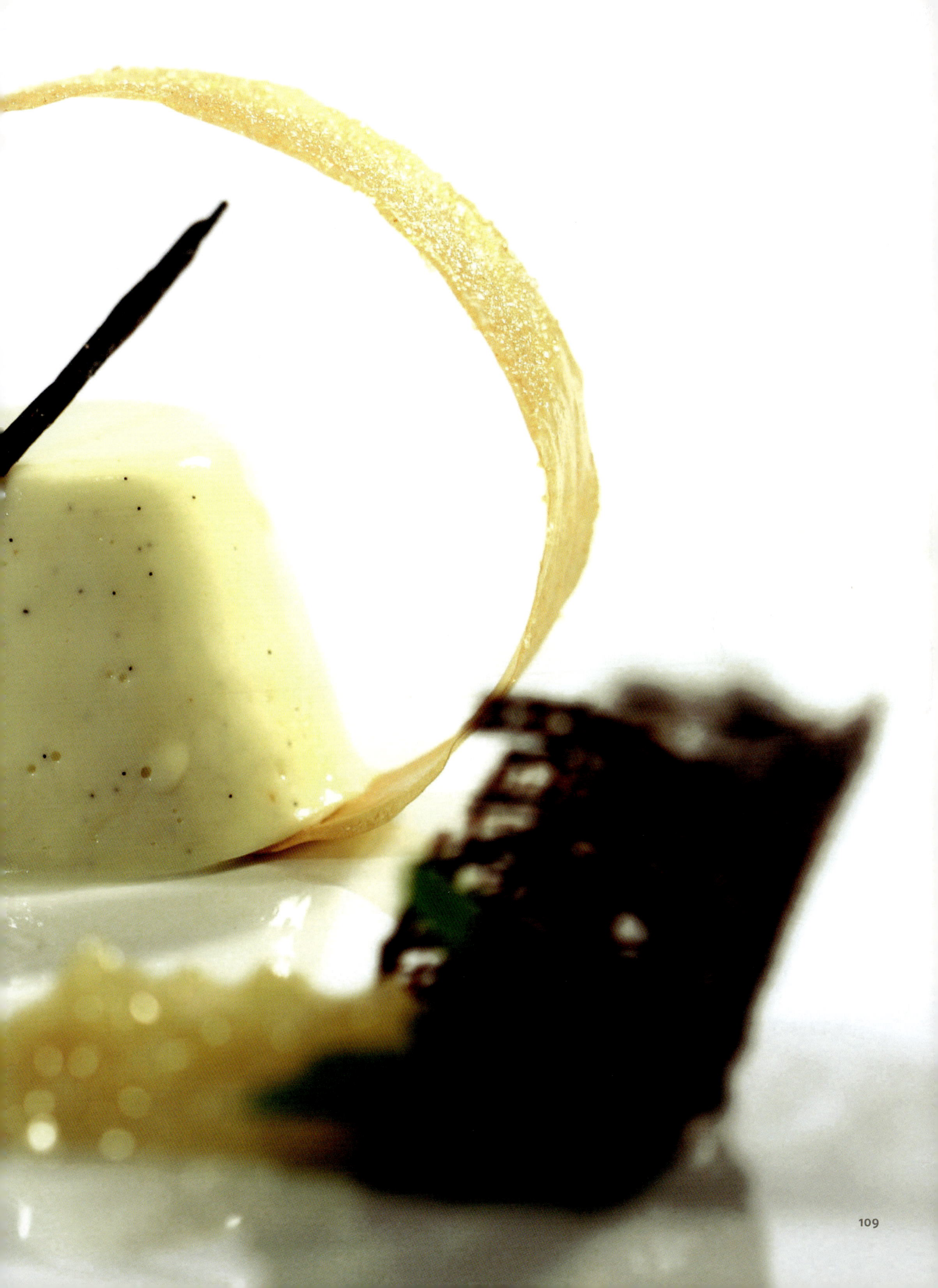

№ 29

FÜR 8 PERSONEN

Haselnusssoufflé
Boskop-Apfel-Crème, Trester

HASELNUSSSOUFFLÉ

190 g	Butter
7	Eigelb
140 g	Zucker
350 g	Haselnüsse, gemahlen
7	Eiweiß
50 g	Zucker

BOSKOP-APFEL-CRÈME

300 g	Boskop-Äpfel
100 ml	Weißwein
20 ml	Calvados
1	Vanillestange, Mark
150 g	Sahne, geschlagen
2 Blatt	Gelatine *
120 g	Zucker

TRESTERSCHAUM

2 cl	Trester
50 g	Zucker
4 cl	Weißwein
2	Eier

TRESTERPRALINE

50 g	weiße Kuvertüre
15 ml	Trester
8 g	Zucker
20 ml	Sahne
8	weiße Pralinenhohlkörper
	(im Konditorfachhandel erhältlich)

1 *Haselnusssoufflé:* Butter mit Eigelb schaumig schlagen. Zucker und Haselnüsse hinzugeben. Eiweiß mit Zucker aufschlagen und unter die Eigelbmasse heben. Die Masse in gebutterte und gezuckerte Formen füllen und bei 180 °C ca. 20 Minuten im Ofen backen. Direkt im Anschluss stürzen.

2 *Boskop-Apfel-Crème:* Äpfel, schälen, entkernen, klein schneiden und mit Zucker im Topf erhitzen. Mit Calvados und Weißwein ablöschen und das Vanillemark hinzugeben. Masse pürieren und zwei Blatt Gelatine* (eingeweicht und aufgelöst) unterrühren. Nach dem Abkühlen geschlagene Sahne unter die Masse heben und in Formen füllen.

3 *Tresterschaum:* Zucker, Weißwein und Eier in einen Topf geben und bei gleichmäßiger Hitzezufuhr aufschlagen. Sobald die Masse eine cremige Konsistenz hat, Trester hinzugegeben.

4 *Tresterpraline:* Sahne und Zucker auf ca. 40 °C erhitzen. Geschmolzene Kuvertüre und Trester unterrühren. Masse in weiße Pralinenhohlkörper umfüllen. Kühl stellen.

Tipp: Wenn man Eiweiß und Zucker kurz vor dem Aufschlagen anfriert, bekommt es einen besseren Stand. Nach Belieben kann man die Boskop-Apfel-Crème auch in einen Baumkuchenmantel einschlagen.

111

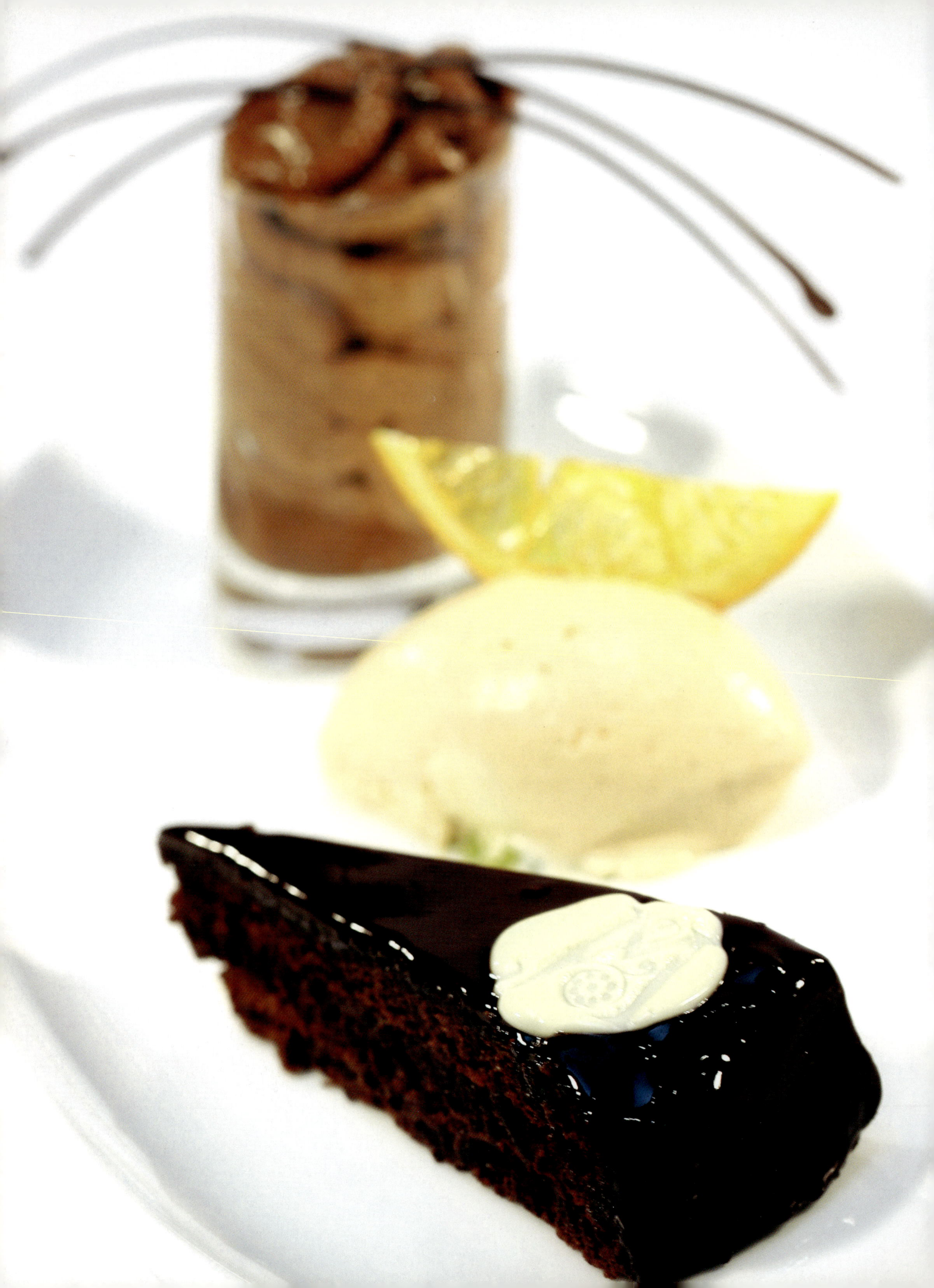

FÜR 8 PERSONEN

Nº 30 Rheinhessische Sachertorte
Maulbeer-Allerlei

SACHERTORTE

	Rezept für 1 Tortenboden 26 cm Durchmesser
230 g	Marzipan
6	Eigelb
8	Eiweiß
280 g	Zucker
40 g	Kakao
160 g	Kuvertüre
	Maulbeermarmelade
	Läuterzucker*
	Rummischung
	Amaretto

GLASUR (SACHERGLASUR)

165 g	Sahne
30 g	Butter
70 ml	Wasser
85 g	Zucker
40 g	Mascarpone
360 g	Kuvertüre

NOUGATESPUMA

300 ml	Sahne
50 g	Kuvertüre
150 g	Nougat

1 *Sachertorte:* Marzipan und Eigelb zusammen aufschlagen. Eiweiß und Zucker ebenfalls aufschlagen. Eigelb-Marzipan-Masse mit Kakao und geschmolzener Kuvertüre verrühren. Eischnee-Zucker-Masse unterheben. Bei 190 °C 15 Minuten im Ofen backen.
Den fertigen Boden mit Amaretto, Läuterzucker* und Rummischung tränken. Mit einem scharfen Messer horizontal in drei Böden teilen. Zwischen jeden Sachertortenboden Maulbeermarmelade streichen und Böden aufeinander schichten.

2 *Glasur:* Alle Zutaten bei leichter Hitzezufuhr erwärmen. Torte mit der Glasur überziehen.

3 *Nougatespuma:* Zutaten im Topf unter leichter Hitzezufuhr vermengen, danach in eine Espumaflasche (Siphonflasche oder Edelstahl-Sahnebläser) geben und mit drei Kapseln aufschäumen.

Tipp: Genauso gut wie Maulbeermarmelade schmeckt Johannisbeermarmelade.

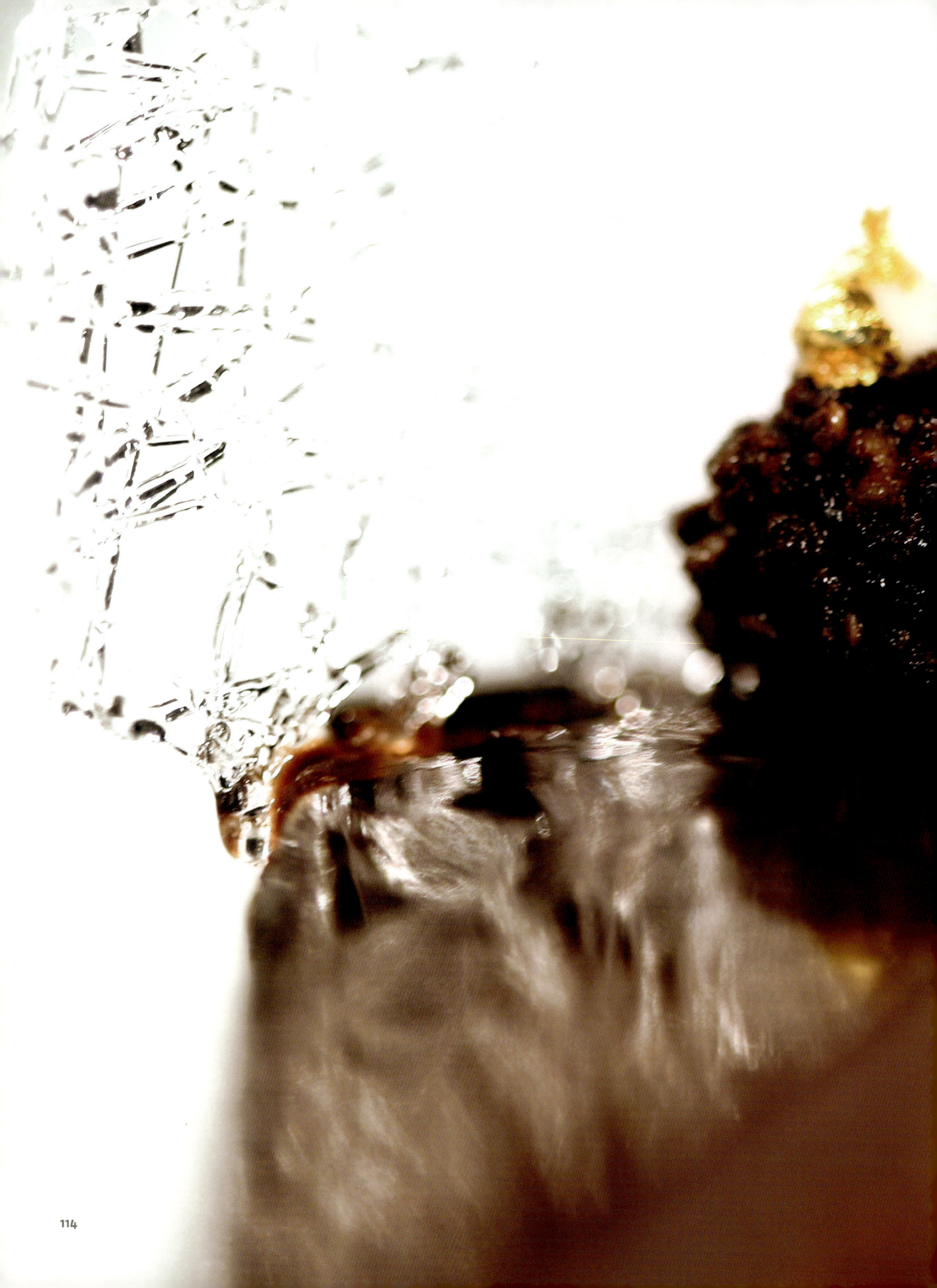

№ 31

FÜR 4 PERSONEN

Sachertorte
Lavendel, Quitte

SACHERTORTE

s. Rezept № 30,
Rheinhessische Sachertorte

LAVENDELRAHMEIS

500 ml Sahne
125 g Zucker
4 Eigelb
3-4 Lavendelblüten, getrocknet

QUITTENSTRUDEL

1 Quitte
je 50 ml Weißwein & Läuterzucker*
½ Vanillestange
30 g Mandeln, gemahlen & geröstet
30 g Biskuit-Brösel, dunkel & süß
Filoteig*
15 g flüssige Butter
1 Eigelb
30 ml Milch

**SCHOKOLADEN-
PRALINEN**

4 Schokoladenpralinen
siehe Rezept № 35,
Schokoladen-Pralinen-Masse,
fest)

1 *Sachertorte:* Siehe Rezept № 30. Bei dieser Sachertorte aber die Maulbeermarmelade durch Quittengelee ersetzen.

2 *Lavendelrahmeis:* Sahne aufkochen, Lavendelblüten zugeben und 15 Minuten ziehen lassen. Durch ein Haarsieb passieren und nochmals aufkochen. In einer Schüssel Zucker und Eigelbe schaumig rühren, warme Lavendelsahne zugeben und auf einem Wasserbad zur Rose abziehen*. In einer Eismaschine gefrieren lassen.

3 *Quittenstrudel:* Quitte schälen, in Würfel schneiden. Mit Weißwein, Läuterzucker* und ausgekratzter Vanillestange weich garen. Quitte absieben, Rest des Suds stark reduzieren und wieder zur Quitte geben. Mandeln und Biskuit-Brösel ebenfalls dazugeben und unterrühren. Filoteig* in ca. 10 × 8 cm große Rechtecke schneiden, mit flüssiger Butter bestreichen. Jeweils einen Löffel der Quittenmasse darauf verteilen. Die Seiten des Teigs einschlagen und zusammen rollen. Eigelb und Milch vermischen. Quittenstrudel damit bepinseln. Im vorgeheiztem Backofen bei 170 °C ca. 7 bis 10 Minuten backen.

4 *Schokoladenpralinen:* Siehe Rezept № 35, Schokoladen-Pralinen-Masse fest

Tipp: Die Schokoladen-Pralinen sind das i-Tüpfelchen dieses Desserts. Sie schmecken aber auch einfach zu einem Kaffee sehr lecker.

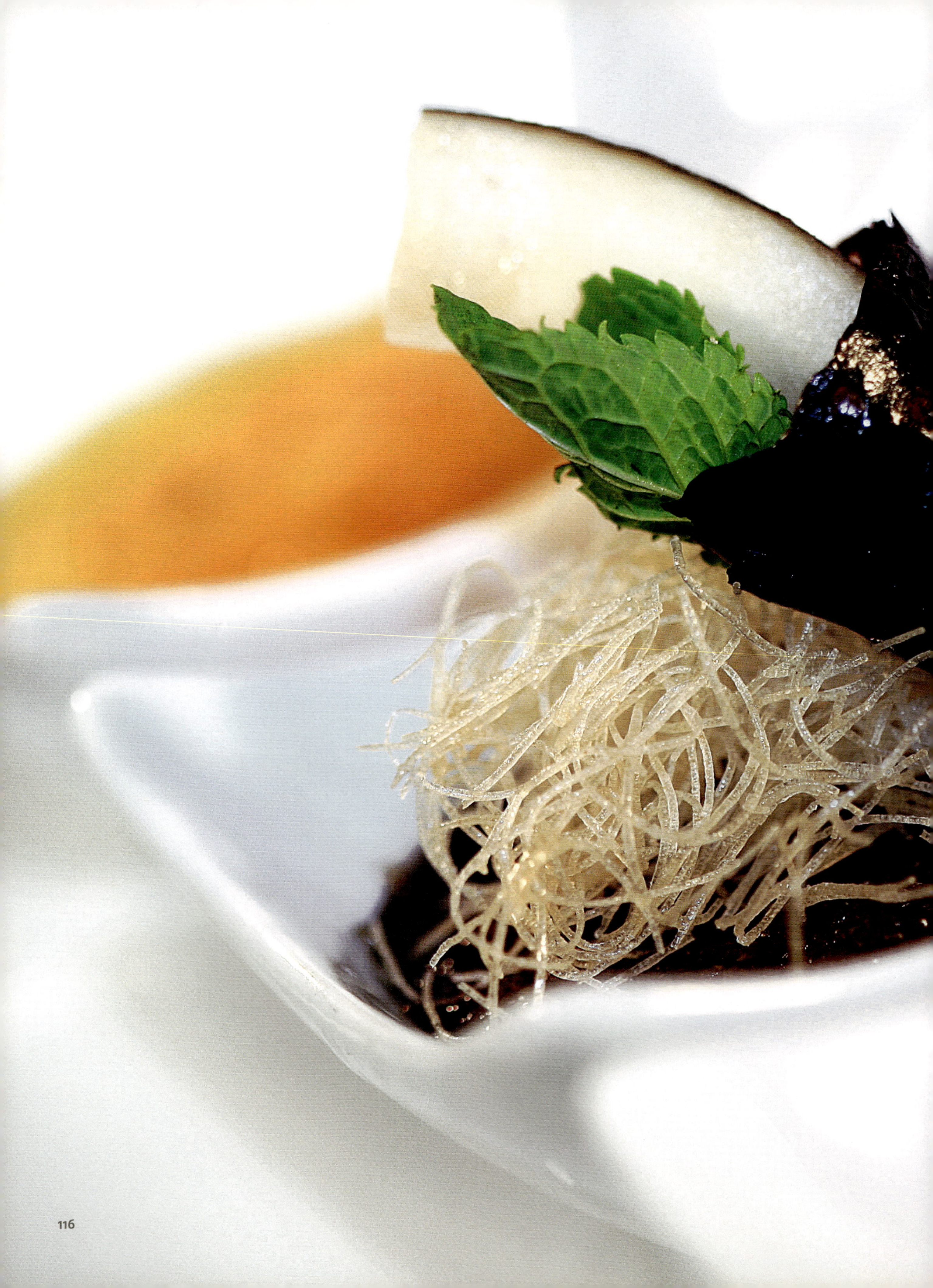

FÜR 4 PERSONEN

Dreierlei Crème brûlée

Kokos, Schoko, Ingwer

№ 32

KOKOS

200 g	*Crème fraîche*
5	*Eigelb* *(verrühren mit Crème fraîche)*
150 ml	*Milch*
100 ml	*Kokosmilch*
75 g	*Zucker (Milch, Zucker & Kokosmilch aufkochen)*
100 g	*Kuvertüre, hell*

SCHOKO

200 g	*Crème fraîche*
5	*Eigelb* *(verrühren mit Crème fraîche)*
200 ml	*Milch*
75 g	*Zucker (Milch & Zucker aufkochen)*
130 g	*Kuvertüre, dunkel*

INGWER

200 g	*Crème fraîche*
5	*Eigelb* *(verrühren mit Crème fraîche)*
200 ml	*Milch*
1 TL	*frischer Ingwer, klein geschnitten*
75 g	*Zucker (Milch, Zucker & Ingwer aufkochen)*

1 Alle drei Massen bei 90 °C für 45 Minuten im Ofen garen. Mit Rohrzucker bestreuen und mit einem Bunsenbrenner eine Karamellkruste herstellen.

Tipp: Wie wäre es, die drei Desserts mal hintereinander zu servieren? 1 Rezept = 3 Desserts.

FÜR 4 PERSONEN

After Eight
mal anders

№ 33

SCHOKOLADENEIS

100 g Kuvertüre
500 ml Milch
100 ml Sahne
100 ml Zucker
100 g Kakao

HOLUNDERSORBET

350 ml Wasser
100 g Zucker
50 ml Holundersirup
1 Zitrone, Saft
2 Nelken
50 ml Weißwein
60 g Glukose*
Minzstreifen

1 *Schokoladeneis:* Kuvertüre, Milch, Sahne, Zucker und Kakao in einem Topf aufkochen und passieren. Schokoladeneismasse in einer Eismaschine frieren.

2 *Holundersorbet:* Wasser, Zucker, Holundersirup, Zitronensaft, Nelken, Weißwein und Glukose* in einem Topf kochen und passieren. Holunder-Sorbet-Masse in einer Eismaschine frieren.

3 *Anrichten:* Holundersorbet in einem Martiniglas als Sockel einfüllen. Eine Nocke Schokoladeneis darauf setzen. Mit feinen Minzstreifen garnieren.

Tipp: Statt Minze kann man auch Zitronenmelisse nehmen oder – ganz raffiniert – Basilikum.

119

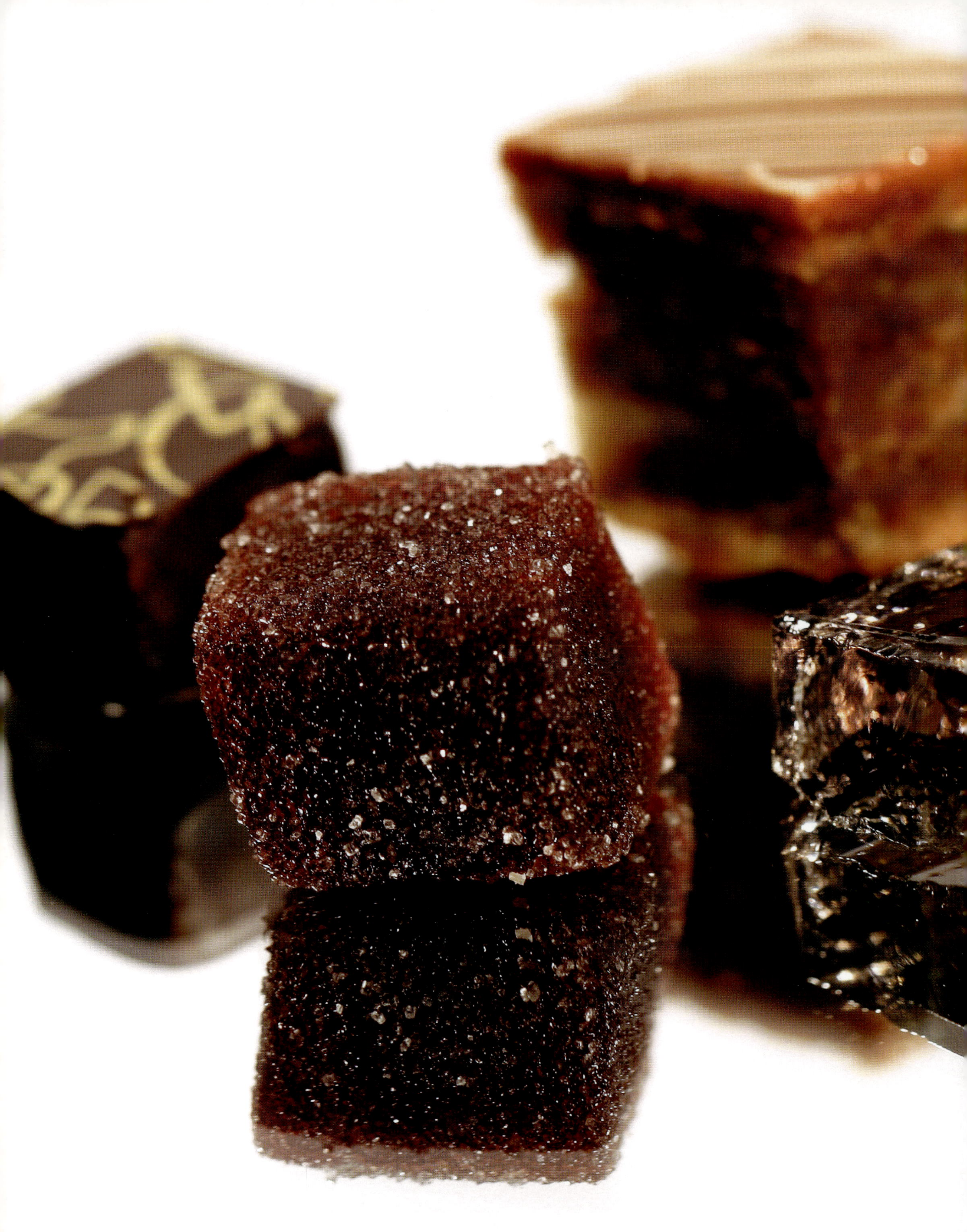

FÜR 4 PERSONEN

N° 34 Pralinen
Variationen

BLUTORANGENTRÜFFEL

150 ml	Blutorangensaft, reduziert
25 ml	Glukose*
30 ml	Orangenlikör
200 g	weiße Schokolade
100 g	Vollmilchkuvertüre
50 g	Butter

1 Blutorangensaft, Glukose* und Orangenlikör kurz aufkochen. Über gehackte weiße Schokolade und Vollmilchkuvertüre geben. Bei etwa 30 °C Butter untermengen und in Pralinenhohlkörper füllen.

ERDNUSSCOOKIES

135 g	Butter
135 g	Erdnussbutter
1	Ei
90 g	Rohrzucker
90 g	Zucker
90 g	Mehl
3 g	Backpulver
	Salz

1 Wie einen Mürbeteig herstellen. Bei 200 °C im Ofen ca. 15 Minuten backen.

CHAMPAGNERTRÜFFEL

150 ml	Sahne
45 ml	Glukose*
150 ml	Champagner
45 ml	Marc de Champagne
30 g	Butter
300 g	Vollmilchkuvertüre

1 Sahne und Glukose aufkochen. Über gehackte Vollmilchkuvertüre geben. Butter, Champagner und Marc de Champagne untermischen und in Pralinenhohlkörper füllen.

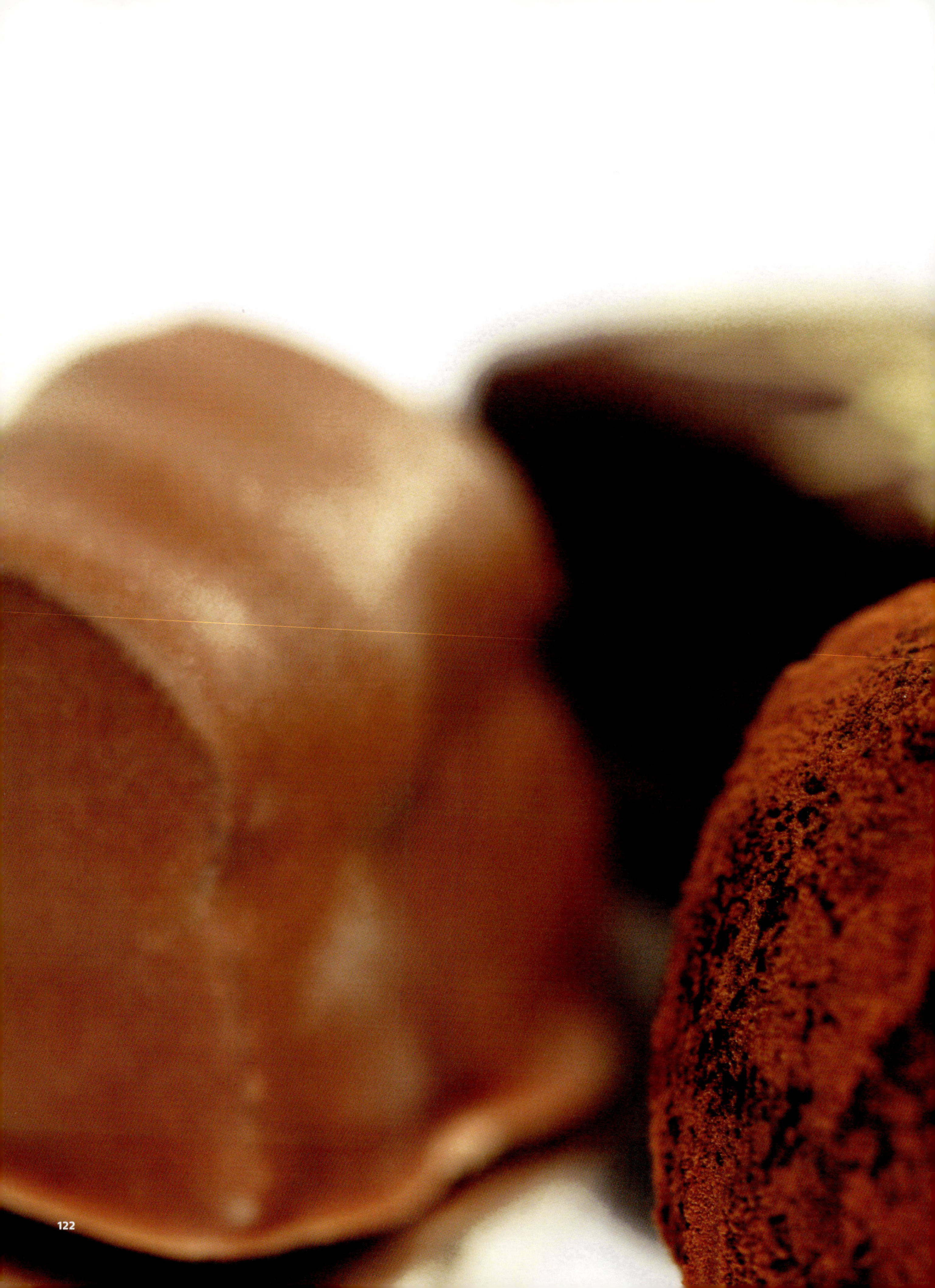

FÜR 4 PERSONEN

Nº 35 Pralinen
Variationen

SCHOKOLADEN-PRALINEN-MASSE (FEST)

250 g	Puderzucker
125 g	Kakao
100 g	Crème fraîche
75 g	Butter
2 cl	Rum
	Kakao, *zum Wälzen*

1. Alle Zutaten vermengen, zu pralinengroßen Kugeln rollen und durch Kakao wälzen.

DUNKLER NOUGATCANACHE (SCHNITTFEST)

100 g	Vollmilchkuvertüre
180 g	Kuvertüre
40 g	Butter
180 ml	Sahne
320 g	dunkler Nougat

1. Sahne aufkochen. Mit gehackter Kuvertüre und Nougat eine Emulsion erzeugen. Bei 30 °C Butter untermengen.

HELLER NOUGATCANACHE (CREMIG)

220 g	weiße Kuvertüre
40 g	Butter
180 ml	Sahne
320 g	heller Nougat

1. Siehe dunkler Nougatcanache.

ORANGENCANACHE (CREMIG)

200 ml	Sahne
4	Orangen, *Abrieb*
75 ml	Orangensaft
½	Vanillestange
250 g	weiße Schokolade
50 g	Butter

1. Sahne, Orangensaft und Vanille aufkochen. 10 Minuten ziehen lassen, passieren. Weiße Schokolade hacken. Mit heißer Sahnemischung eine Emulsion erzeugen. Bei 30 °C Butter unterrühren. In weiße Hohlkörper füllen und mit weißer Schokolade verschließen. Durch geröstete Kokosflocken wälzen.

Tipp: Alle Pralinen, egal ob Schnitt oder Trüffel, einen Tag nach dem Schneiden oder Abfüllen trocknen lassen.

FÜR 4 PERSONEN

Nº 36 Pralinen
Variationen

MARSHMALLOWS

260 g	Zucker
240 g	Glukose*
60 ml	Wasser
1	Eiweiß
10 Blatt	Gelatine*
je 25 g	Stärke & Puderzucker

VEILCHENGELEE

300 ml	Weißwein, trocken
100 ml	Veilchensirup
200 ml	Läuterzucker*
50 ml	Wasser
6 Blatt	Gelatine*

1 Zucker, Glukose* und Wasser auf 130 °C erhitzen. Eiweiß schaumig schlagen. Gekochten Zucker eingießen und mitschlagen. Aufgelöste Gelatine* beigeben. Solange schlagen, bis die Masse kalt ist. Auf ein gepudertes Blech geben und erkalten lassen. In Stücke schneiden, in Stärke und Puderzucker (Verhältnis 1:1) wälzen.

1 Alle Zutaten mischen und eingeweichte Blattgelatine untergeben. Masse fest werden lassen und in Würfel schneiden.

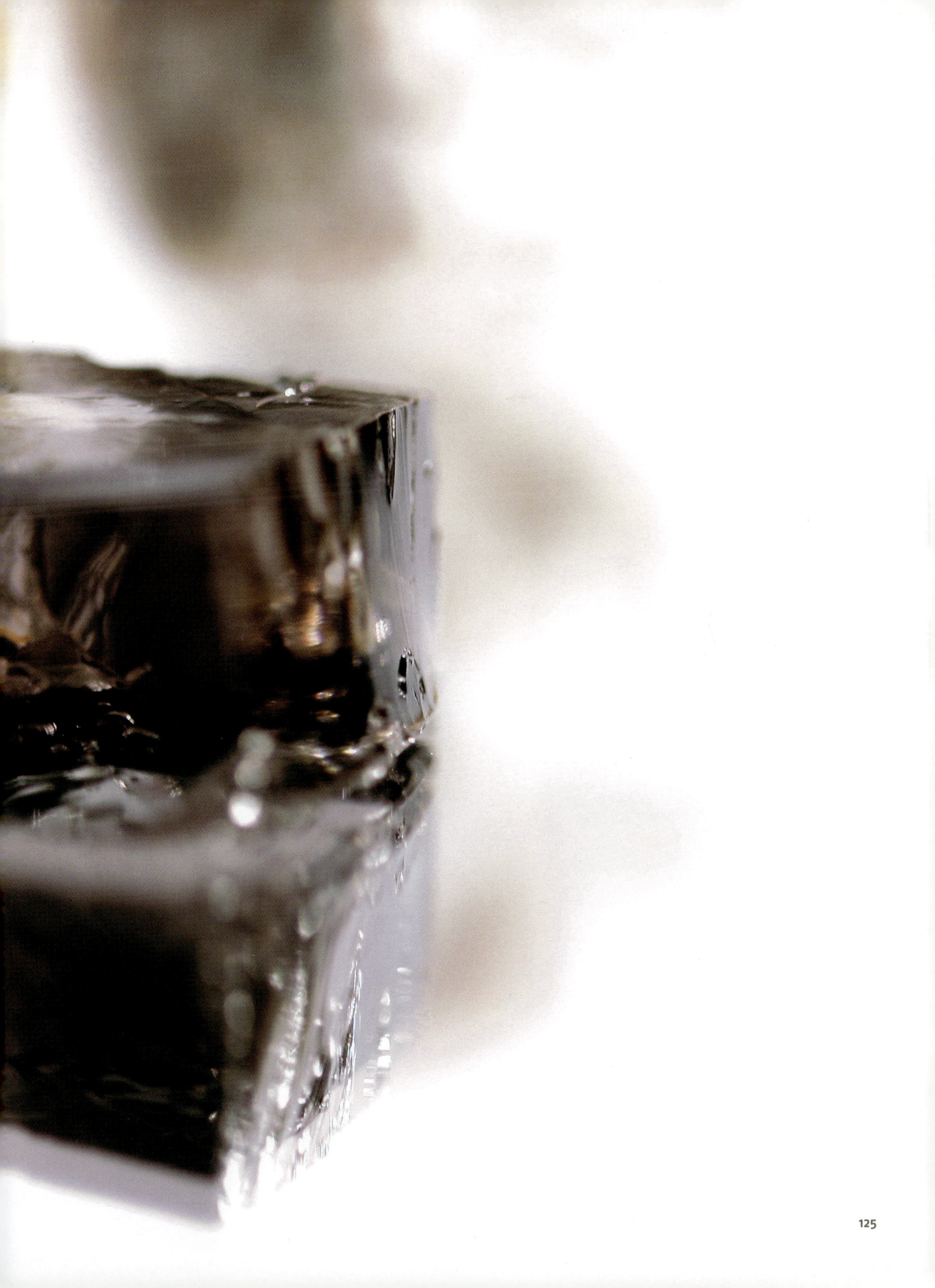

GRUNDREZEPTE

»Saucen und Fonds sind die heimlichen Kunstwerke der Küche – in ihnen stecken viel Geschmack, Aromen, Liebe, Können, Erfahrung und unglaublich viel Zeit und Geduld.«

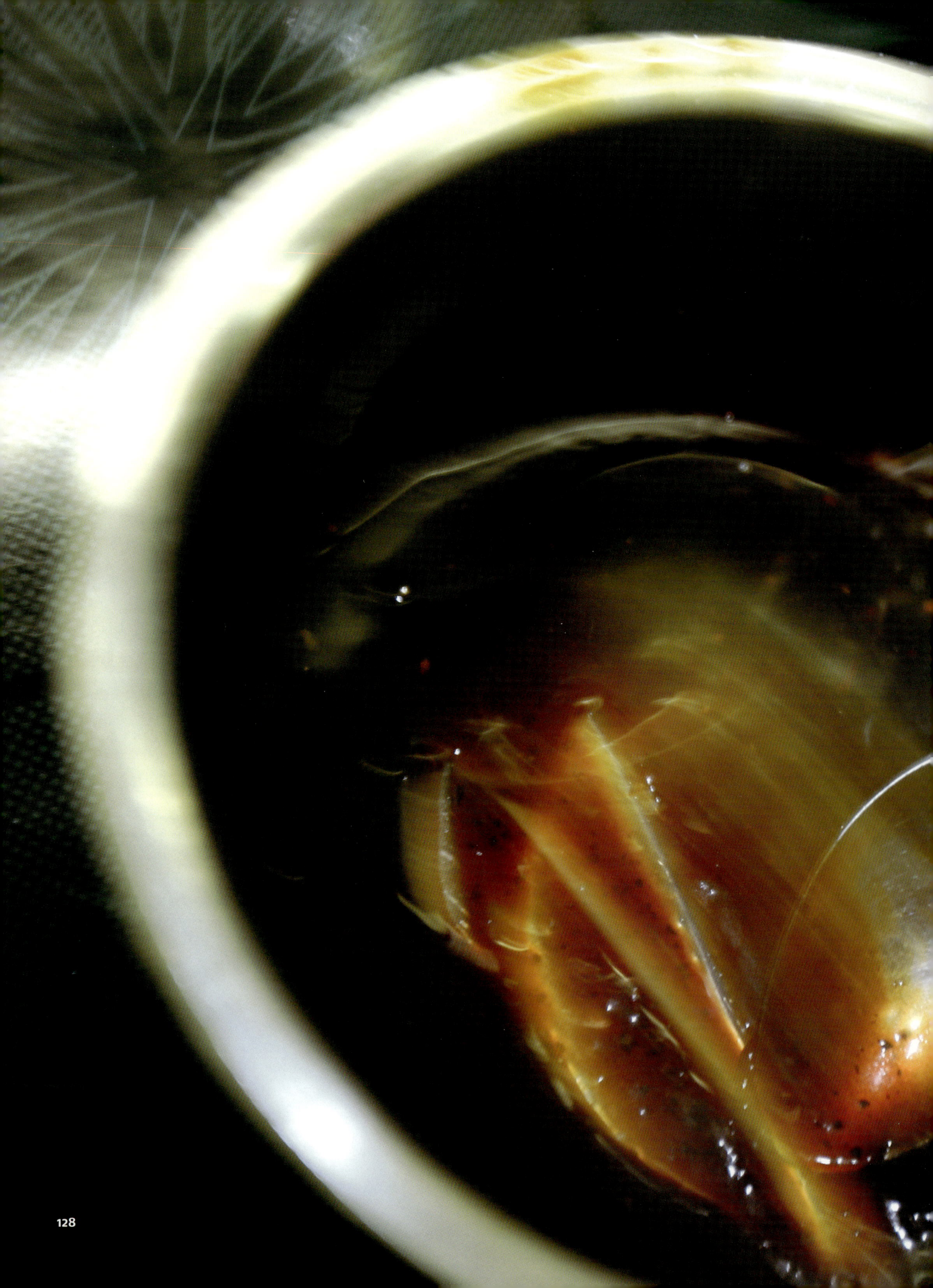

Grundrezepte
Dunkler Fleischfond/ Dunkle Grundsauce

N° 37

DUNKLER KALBS-, GEFLÜGEL-, LAMM- ODER WILDFOND

2,5 kg	Kalbs-, Geflügel-, Lamm- oder Wildknochen
3 EL	Olivenöl
1	Stange Lauch
3	Möhren
1	Knollensellerie
3	Zwiebeln
2 EL	Tomatenmark
2 l	Rotwein
2	Knoblauchzehen
3	Lorbeerblätter
6	Pfefferkörner
3	Thymianzweige
3	Rosmarinzweige
1	Wacholderbeere
1	Gewürznelke

1 Beim Metzger die Knochen möglichst klein hacken lassen. Knochen bei 180 °C ca. 20 Minuten auf einem Blech im Ofen rösten.

2 Gemüse waschen, putzen, in walnussgroße Würfel schneiden und mit Olivenöl in einem Topf andünsten. Bei brauner Färbung Tomatenmark hinzugeben und gut umrühren. Wenn das Tomatenmark beginnt am Boden des Topfes anzuhängen, mit etwas Rotwein ablöschen und einreduzieren lassen.

3 Sobald der Rotwein fast eingekocht ist, Knochen hinzufügen und wieder etwas Rotwein nachgießen. Diesen Vorgang mehrmals wiederholen. Je öfter man diesen Vorgang wiederholt, desto dunkler und aromatischer wird der Fond.

4 Nach dem letzten Einkochen die Knochen mit kaltem Wasser bedecken. Alles aufkochen und abschäumen. Alle Gewürze und Kräuter zu dem Fond geben. Bei kleiner Hitze etwa zwei Stunden leicht sieden lassen.

5 Zum Schluss Fond durch ein Haarsieb passieren. Fond erkalten lassen. Die Fettschicht, die sich auf der Oberfläche der Brühe gebildet hat, abschöpfen oder mit etwas Küchenpapier wegsaugen.

Tipp: Für einen hellen Kalbs- oder Geflügelfond lässt man den Rotwein und das Tomatenmark einfach weg.

DUNKLE GRUNDSAUCE

1 l	Kalbs-, Geflügel-, Lamm- oder Wildfond
100 ml	dunkler Portwein
2 EL	Zucker
100 g	kalte Butterwürfel

1 Um die dunkle Grundsauce zuzubereiten, den entsprechenden Fond bis zu einer sirupähnlichen Konsistenz einreduzieren. Zum Verfeinern des Geschmacks aus Portwein und Zucker eine Reduktion herstellen. Diese Reduktion zum Fond geben und das Ganze bei schwacher Hitze unter ständigem Rühren mit kalten Butterwürfeln aufmontieren.

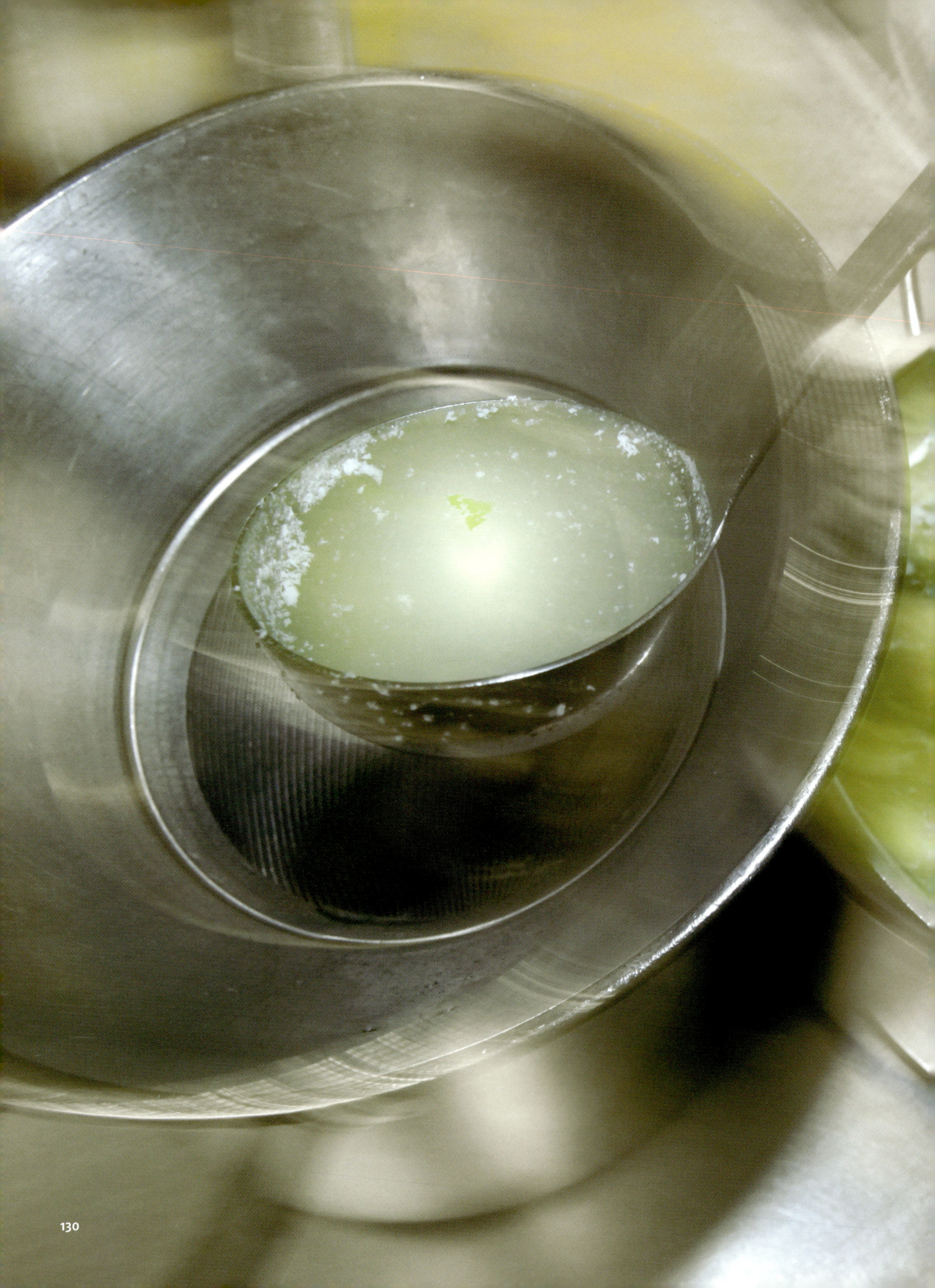

N⁰ 38

Grundrezepte
Fischsauce/-fond

KRUSTENTIERFOND

750 g	Hummer- oder Flusskrebs-karkassen
200 ml	Weißwein
5 cl	Weinbrand
300 g	Schältomaten, aus der Dose
je 1	Möhre & Zwiebel
je ½	Fenchel, Staudensellerie & Lauch
1	Knoblauchzehe
3	weiße Pfefferkörner
2	Pimentkörner
	Olivenöl, zum Anbraten

1. Karkassen sorgfältig reinigen und zerkleinern.

2. Gemüse putzen und in kleine Würfel schneiden. Dosentomaten in einem Mixer pürieren.

3. In einem Topf Karkassen in heißem Olivenöl scharf anbraten. Sie dürfen nicht dunkel oder gar schwarz werden, das ist schlecht für den Geschmack des Fonds. Mit Weinbrand ablöschen, flambieren und zur Seite stellen.

4. Gemüsewürfel in einer Pfanne in heißem Olivenöl mit den Gewürzen anschwitzen. Pürierte Tomaten und geschwitztes Gemüse zu den Karkassen geben und den Topf mit kaltem Wasser auffüllen, bis alles bedeckt ist.

5. Bei mittlerer Hitze im offenen Topf eine ½ Stunde köcheln. Krustentierfond abschließend vorsichtig durch ein feines Tuch und Haarsieb passieren.

FISCHSAUCE NOILLY PRAT

400 ml	Fischfond
100 ml	Weißwein
4 EL	Noilly Prat
1	Schalotte
4	Safranfäden
200 ml	Sahne
	Salz & Pfeffer
1	Tropfen Tabasco
	angefrorene Butterwürfel

1. Fischfond mit Weißwein und Noilly Prat mischen, Safran und Schalotte dazugeben und aufkochen.

2. Flüssigkeit durch stetige, gleichmäßige Hitze auf ⅔ reduzieren.

3. Sahne hinzugeben und dickflüssig einkochen.

4. Mit Salz, Pfeffer und Tabasco (nur 1 Tropfen, soll nur den Geschmack verstärken) abschmecken.

5. Vor dem Servieren etwas Butter untermischen und mit einem Stabmixer aufschäumen.

FISCHFOND

2 kg	Fischgräten (Steinbutt, Seezunge, Seeteufel oder Weißfisch)
500 ml	Weißwein
30 g	Butter
2	Zwiebeln
1	Staudensellerie
½	Lauchstange (nur der weiße Teil)
2	Petersilienstängel
1	Dillstängel
5	weiße Pfefferkörner
je 2	Lorbeerblätter, Nelken & Pimentkörner

1. Köpfe und blutige Stellen der Fischgräten entfernen, zerkleinern und wässern.

2. Gemüse putzen, in Würfel schneiden und mit der Butter in einem Topf glasig dünsten. Fischgräten, Weißwein, Kräuter und Gewürze hinzugeben und mit kaltem Wasser bedecken. Alles zum Siedepunkt bringen und abschäumen.

3. 20 Minuten bei geringer Hitze ziehen lassen. Fischfond vorsichtig durch ein feines Tuch und Haarsieb passieren.

№ 39 Grundrezepte
Farce

FISCHFARCE

150 g	weißes Fischfilet, grätenfrei, ohne Haut
150 ml	Sahne
1 cl	Noilly Prat
1 cl	Pernod
½	Zitrone, Saft
	Salz

1 Weißes Fischfilet in kleine Würfel schneiden, leicht salzen und im Eisschrank anfrieren.

2 Gefrorene Fischwürfel mit einer »Moulinette« oder einem Mixer kurz mixen, Sahne nach und nach zugeben und alles schnell miteinander mixen, bis eine homogene Masse entsteht.

3 Fischfarce durch ein feines Haarsieb streichen, mit Noilly Prat, Pernod, Zitronensaft und Salz abschmecken. Kalt stellen.

KALBS- ODER GEFLÜGELFARCE

150 g	Kalb- oder Geflügelfleisch, ohne Sehnen und Haut
150 ml	Sahne
2 cl	Portwein, je nach Fleischart, weiß oder dunkel
	weißer Pfeffer, aus der Mühle
	Salz

1 Fleisch sehr fein schneiden oder mit der kleinsten Scheibe durch den Fleischwolf drehen, leicht salzen und im Tiefkühlschrank anfrieren.

2 Gefrorenes Fleisch mit einer »Moulinette« oder einem Mixer kurz mixen. Die Sahne nach und nach zugeben und alles schnell miteinander mixen, bis eine homogene Masse entsteht.

3 Fleischfarce durch ein feines Haarsieb streichen, mit Portwein, Pfeffer und Salz abschmecken. Kalt stellen.

Tipp: Durch Zugabe von Tomatenmark, Spinat oder Safran bekommt die Farce unterschiedliche Farben.

133

№ 40 Grundrezepte
Pesto und mehr

PESTO

- 2 Tassen Basilikum, *grob gehackt*
- 6 Knoblauchzehen, *fein gehackt*
- 2 EL Pinienkerne oder Walnüsse, *fein gehackt*
- 125 ml Olivenöl
- 10 g Parmesan, *gerieben*

1 Alle Zutaten, bis auf den Parmesankäse, im Mixer gut vermischen. Die Sauce soll eine flüssige Konsistenz haben. Sollte diese zu dick sein, Olivenöl hinzugeben. Alles in eine Schüssel geben und den Parmesankäse unterrühren.

Tipp: Dieses Pesto eignet sich hervorragend zu Spaghetti und Fischgerichten.

STOPFLEBERGEWÜRZ

- 2 EL Pfeffer
- 2 EL Szechuanpfeffer
- 1 TL grüner Anis
- 1 TL Macisblüte (Muskatblüte)
- 10 Pimentkörner
- 5 Wacholderbeeren
- 2 Gewürznelken

1 Alle Gewürze in einer Gewürzmühle fein mahlen und gleich weiterverarbeiten.

CHILI-INGWER-SAUCE

- 1 cm frischer Ingwer
- 2 Knoblauchzehen
- 4 grüne Chilischoten
- 6 EL Sojasauce
- 5 EL Limettensaft
- 5 EL Fischgrundsauce

1 Ingwer und Knoblauch schälen, in dünne Scheiben schneiden und fein hacken. Die Chilischoten waschen und der Länge nach aufschneiden, entkernen und so fein wie möglich hacken. Alle vorbereiteten Zutaten, sowie Fischsauce, Sojasauce und Limettensaft in eine Schüssel geben und miteinander vermischen.

135

ANHANG

»Für den Erfolg in der Küche braucht man ein Team, das die Besessenheit mitlebt und die Leidenschaft verinnerlicht hat.«

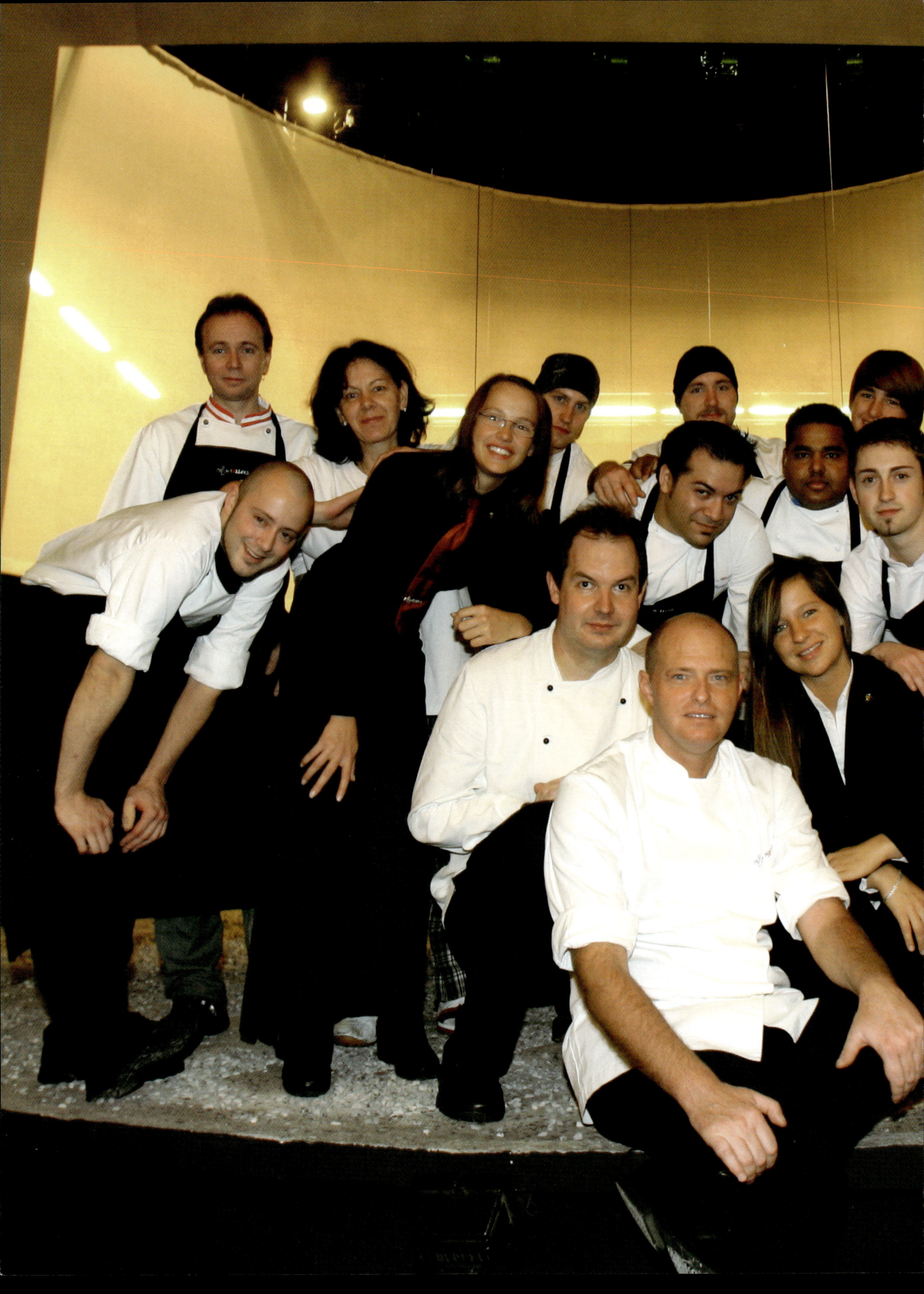

Das Team

Hintere Reihe von links nach rechts:
Mario Hinsteiner
Hasima Imsirovic
Florian Große
Toni Fröhlich
Paul Klein

Mittlere Reihe von links nach rechts:
Jan Steinhauer
Claudia Holz
Sebastian Gonzalez
Mohammed Ullah
Jonas Stein
Timo Becker

Vordere Reihe von links nach rechts:
Michael Feiden
Dirk Maus
Tina Falke

Michael Bonewitz
Bocom – Verlag Bonewitz

Michael Bonewitz – Autor und Journalist – leitet die 1999 gegründete Agentur für Unternehmens-Kommunikation Bonewitz Communication GmbH (www.bonewitz.de). Er unterstützt Industrieunternehmen, mittelständige Firmen aber auch kleinere Betriebe bei ihrer Pressearbeit und Kommunikation, sowohl intern als auch extern. Zuvor war er über 15 Jahre als Redakteur, Korrespondent und selbstständiger Journalist für verschiedene Verlage tätig.

Seit 2001 ist er Chefredakteur und Herausgeber der MAINZ Vierteljahreshefte, einer Kulturzeitschrift in und über Mainz, und verlegt Bücher meist mit regionalem Bezug.

Kochen ist auch für ihn eine Leidenschaft, der er sich in seiner Freizeit intensiv widmet. Als Autor hat Michael Bonewitz bereits mit Johann Lafer ein Kochbuch veröffentlicht (Natur pur) und mehrere Restaurantführer herausgegeben. Zudem schreibt er regelmäßig in der »Allgemeine Zeitung Mainz« Restaurantkritiken.

Agentur 42
Konzept & Design

ist die Verbindung von unverwechselbaren Konzepten und kreativen Lösungen. Design bedeutet für uns Leidenschaft, Individualität und Handwerk – eine Philosophie, die nur im Dialog mit dem Kunden konkrete Gestalt erhält. Deshalb stellen wir Fragen in Frage bevor wir Antworten finden. Unsere Kernkompetenzen liegen in den Bereichen Corporate Design, Editorial Design und Packaging.

Eine kleine Auswahl unserer internationalen Preise: AUSZEICHNUNG TDC TYPE DIRECTORS CLUB NEW YORK, Corporate Design, *Kunde: Russler;* Corporate Design, *Kunde: Artmobil* | BRONZE TIA TYPOGRAPHIC DESIGN EXCELLENCE COMPETITION, LONDON, Editorial Design: Geschäftsbericht, *Kunde: H. Berthold AG* | DESIGNPREIS RHEINLAND-PFALZ, Editorial Design: Werkbuch, *Kunde: Schauder* | AUSZEICHNUNG GRAFIK-DESIGN DEUTSCHLAND, Packaging: s.o.s. Band, *Kunde: Sony Music* | AUSZEICHNUNG »DIE FÜNFZIG SCHÖNSTEN DEUTSCHEN BÜCHER«, AUSZEICHNUNG ART DIRECTORS CLUB DEUTSCHLAND, Editorial Design: Kursbuch freie Szene, *Kunde: Kultusministerium RLP*

Sascha Kopp
Fotograf

Seine Bilder sind Geschichten, seine Fotos Anziehungspunkte, sein Motto: »Man muss die kleinen Dinge sehen, um die Großen zu verstehen.« Sascha Kopp ist ein Vollblutfotograf, der im Tageszeitungsgeschäft genauso für visuelle Überraschungen sorgt, wie bei seinen zahlreichen Buchproduktionen oder den Mainzer Jahreskalendern, die bei vielen längst zu Sammlerobjekten wurden.

Mehr als 20 Jahre ist er schon im Geschäft und hat sich eines bewahrt, den Blick für das Besondere. Seine Bilder sind Hingucker, Augenfänger und wenn man sich die Aufnahmen in diesem Kochbuch anschaut, dann sind sie sogar weitaus mehr als nur ein Augenschmaus, sie sind kleine Kunstwerke, die einen verführen und vor allem Appetit machen auf mehr.

Sascha Kopp, Jahrgang 1965, ist Bildredakteur bei der Verlagsgruppe Rhein-Main, der sein privates Credo alltäglich lebt: »Höflichkeit ist der Airbag vor der harten Wirklichkeit«.

gzm – Grafisches Zentrum Mainz Bödige

Ein brilliantes Kochbuch benötigt als »Sahnehäubchen« natürlich auch einen erfahrenen Partner für Bildbearbeitung und Druck, der das Werk durch Farbbrillianz und 1a Druckqualität zu einem unverzichtbaren Begleiter macht.

Gedruckt wurde das Kochbuch mit der Novaspace-Technik, die etwa 30 Prozent mehr Farbraum ermöglicht und damit über 600.000 zusätzliche Farbnuancen. Der Effekt der Farbraumerweiterung wird unter anderem durch den Einsatz besonders reiner Pigmente erreicht. Das Resultat ist eine überraschend realistische Farbwiedergabe des Originals.

gzm – Ihr Partner für erfolgreiche Drucksachen … zeigen auch Sie sich von Ihrer Schokoladenseite!

gzm – unser Leistungsspektrum: BERATUNG, ANZEIGENAGENTUR, VERLAG, GESTALTUNG, DRUCKVORSTUFE, DRUCKEREI, BUCHBINDEREI, VERSANDSERVICE

Glossar

Ducca ist eine äthiopische Gewürzmischung mit nussigem Aroma. Sie eignet sich zum Würzen und Braten von Fisch.

Filoteig erinnert an Blätter- oder Strudelteig. Er stammt aus der türkischen, griechischen und arabischen Küche. Verwendung findet er bei der Herstellung verschiedener salziger und süßer Backwaren. Hergestellt wird er aus Mehl, Wasser und Salz, zum Teil auch mit Öl und Hefe. Filoteigblätter erhält man in türkischen Lebensmittelgeschäften oder im Feinkosthandel.

Fondant (frz.: schmelzend) bezeichnet eine weiche pastöse Zuckermasse, mit der man verschiedene Süßwaren herstellt, vor allem die danach benannten Fondants, auch Fondantkonfekt genannt. Die pralinengroßen Süßwaren zergehen leicht auf der Zunge. Fondant erhält man im Konditoreifachhandel.

Gelatine-Zubereitung: Gelatineblätter in kaltem Wasser einige Minuten einweichen und so lange quellen lassen, bis sie richtig glibberig sind. Überschüssiges Wasser ausdrücken und Gelatine sofort weiter verarbeiten. Vorsichtig erhitzen, denn Gelatine ist temperaturempfindlich; wird sie längere Zeit über 80 °C erhitzt, verliert sie nach und nach ihre Gelierkraft.

Glukose wird umgangssprachlich auch als Traubenzucker bezeichnet.

Glukosesirup kann in Feinkostläden oder in der Apotheke käuflich erworben werden. Man kann ihn aber auch selber machen. Dafür 64 g Traubenzucker und 36 g Wasser aufkochen, die klare Flüssigkeit in einen Messbecher geben und bei Bedarf mit kochendem Wasser wieder auf 100 g auffüllen. Abfüllen und kaltstellen.

Ketjap Manis ist eine süßliche und sämige Sojasauce aus Indonesien.

Läuterzucker bezeichnet einen klaren reinen Zuckersirup. Zur Herstellung werden raffinierter Zucker und Wasser zu gleichen Teilen vermischt und etwa eine Minute gekocht.

Lecithin ist ein natürlicher Emulgator, der sich ideal für die Herstellung von Schäumen eignet. Eingesetzt wird Lecithin in der molekularen Küche.

Mole ist der Name für dickflüssige Saucen in der mexikanischen Küche und für Speisen, die auf dieser Sauce basieren. Je nach Rezept kann eine Mole aus bis zu 75 verschiedenen Zutaten bestehen, unter anderem verschiedene Chilis und Schokolade.

Nappieren Anders als beim Saucieren, bei dem die Sauce unter oder neben die Speise gegeben wird, wird beim Nappieren die Speise mit der Sauce bedeckt. Nappiert werden in der Regel lang gebratene Gerichte und bestimmte Fischarten oder Gemüse, beispielsweise Blumenkohl mit Béchamelsauce.

Noriblätter Die großen grünen Blätter des Seetang benutzt man für gerollte Sushi. Sie halten den eingerollten Sushireis und die weiteren Zutaten wie Fisch und Gemüse zusammen. Noriblätter enthalten gesundheitsförderndes Jod. Man erhält sie im Asiashop oder im gut sortierten Supermarkt.

Oystersauce, auch Austernsauce genannt, ist eine dick-flüssige, dunkelbraune, süß-salzige Würzsauce mit einem strengen, salzigen, leicht fischigen Aroma. Vor allem in der chinesischen Küche dient sie – häufig mit Sojasauce vermischt – als Allzweckwürze. Sie eignet sich zum Marinieren, Abschmecken, aber auch zum Nachwürzen bei Tisch.

Parieren bezeichnet das Formen eines Stückes Fleisch durch Schneiden und Abschneiden. Die dabei anfallenden ungenießbaren und schwerverdaulichen Teile nennt man Parüren. Sie werden zur Herstellung von Fonds und Saucen verwendet.

Purple Curry ist eine Gewürz-Mischung und eine wunderbare Würze für helles Fleisch, beispielsweise Jakobsmuscheln, Fisch, Geflügel und Kaninchen. Die rot-violette Mischung kann als Paste mit Öl angerührt und zum Marinieren verwendet werden. Erhältlich ist sie über Ingo Holland, siehe www.ingo-holland.de

Quickpolenta wird aus dem ganzen Maiskorn gemahlen. Mais enthält kein Gluten und ist dadurch besonders leicht verdaulich. Sie eignet sich für Aufläufe, Brei oder zur Herstellung von Klößen. Quickpolenta wird einem Vorkochverfahren mit Dampf unterzogen. Die Zubereitungszeit verkürzt sich dadurch auf 2 bis 5 Minuten. Der natürliche nussige Geschmack der Polenta bleibt erhalten.

Sauternes, eine französische Gemeinde bei Bordeaux, ist Namensgeber der hervorragenden edelsüßen Weißweine innerhalb des Weinanbaugebiets Bordeaux.

Schweinenetz ist ein feines, netzartiges Fettgewebe aus dem Bauchfell des Schweins. Es hält Speisen wie Rouladen oder Hackbraten zu Beginn des Garens zusammen. Im Lauf des Garprozesses löst es sich beinahe vollständig auf. Das Schweinenetz sollte beim Metzger vorbestellt werden, da es in der Regel nicht vorrätig ist.

Tahin ist eine Sesampaste, die in vielen Gerichten aus dem Vorderen Orient enthalten ist. Beim Tahin setzt sich das Sesamöl oben im Glas ab; es muss vor der Verwendung erst mit der kompakten Paste verrührt werden, bis eine cremige Masse entsteht. Man findet die Sesampaste in türkischen oder griechischen Lebensmittelläden, aber auch bei den arabischen/orientalischen Spezialitäten in einem deutschen Supermarkt.

Tandoori Masala ist eine nordindische Gewürzmischung aus bis zu 17 Kräutern.

Tasmanischer Pfeffer ist eine australische Pflanze. Ihre getrockneten pfeffer-ähnlichen Beeren enthalten zahlreiche kleine Samen. Bei den Aborigines, aber auch in der populären australischen bush-food-Küche, werden sie viel verwendet. Tasmanischer Pfeffer ist leicht süßlich, gleichzeitig aber auch sehr scharf. Er hinterlässt, ähnlich wie der Szechuanpfeffer, ein leichtes Taubheitsgefühl auf der Zunge. Wie bei vielen anderen Pfeffergewächsen nutzt man auch beim tasmanischen Pfeffer die Blätter als Gewürz.

Tonkabohne ist der mandelförmige Samen des Tonkabaumes. Er wächst im Norden Südamerikas und im Süden der Karibik. Die süß schmeckenden Tonkabohnen erinnern an Vanille. In Desserts auf Mohn- oder Kokos-Basis, aber auch in Keksen und Kuchen wird die Tonkabohne verwendet. Die harte Tonkabohne reibt man am besten mit einer Muskatreibe ab.

Topinambur ist eine Pflanze aus der Familie der Korbblütler, damit gehört sie zur selben Gattung wie die Sonnenblume. Die Knollen des Topinambur sind bei Diabetikern beliebt, denn sie besteht zu 16 Prozent aus Kohlenhydraten in Form des Mehrfachzuckers Insulin.

Wasabi ist ein japanischer Meerrettich. Die Senföle des Wasabi töten im Darm unerwünschte Bakterien ab. Genauso wie Meerrettich fördert Wasabi die Verdauung. Man erhält ihn in Asia-Shops, entweder als Pulver in Gläsern beziehungsweise Dosen oder als Paste in kleinen Tuben.

»Zur Rose abziehen« bedeutet, dass eine Crème/Sauce bei geringer Hitze und unter ständigem Rühren mit Eigelb gebunden wird. Die richtige Konsistenz hat die Crème/Sauce, wenn man einen Rührlöffel in sie taucht, ihn wieder herauszieht und dann leicht auf den Löffelrücken pustet und dabei Wellen entstehen, die nicht wieder in sich zusammenfallen. Die Wellen erinnern entfernt an Rosenblätter.

Zum Inhalt

»Ein Kochbuch sollte vor allem Spaß machen, und das in mehrerer Hinsicht – zunächst beim Anschauen und Durchblättern, dann beim Lesen der Texte und natürlich beim Nachkochen der Rezepte«, so Verleger Michael Bonewitz, der mit diesem farbenfrohen Prachtband zugleich sein erstes Kochbuch herausgibt und mit Dirk Maus einen innovativen und mehrfach ausgezeichneten Spitzenkoch gewonnen hat.

Das Buch weist eine ganze Reihe von Besonderheiten auf, so veröffentlicht Dirk Maus seine Gargeheimnisse mitsamt Temperaturtabelle und lässt sich damit tiefer in seinen Ofen blicken als die meisten seiner Kollegen. Wie viele Gourmetköche musste auch er erst jahrelang Erfahrungen sammeln und unzählige Versuche unternehmen, bis er eine Methode entwickelt hatte, die garantiert funktioniert und nicht durch Zufall mal ein göttliches Stück Fleisch hervorbringt und dann wieder eine herbe Enttäuschung. Kein Wunder, dass die meisten Spitzenköche ihre Garmethoden wie ein Betriebsgeheimnis hüten und sich bei Erklärungsversuchen vornehmlich hinter Allgemeinbegriffen verstecken. Nicht so Dirk Maus in diesem Buch.

Das Besondere an diesem Kochbuch ist auch ein visueller Genuss. Die Betrachter zeigten sich überrascht von der Wucht der Farben, von der optischen Wirkung der fotografierten Rezepte, die einem förmlich ins Auge springen. Voraussetzung sind in erster Linie spannende Gerichte und hervorragende Ausgangsprodukte, die Dirk Maus so zubereitet hat, dass die Augen im sprichwörtlichen Sinne mitessen können. Dazu kommt der ungewöhnliche Blick des Fotografen Sascha Kopp, der die Gerichte zu kleinen Kunstwerken werden lässt und dabei ganz bewusst mit der Spannung von scharf und unscharf gezeichneten Bereichen im Bild spielt.

Die Krönung ist das Druckverfahren. Als wahrscheinlich erstes Kochbuch überhaupt wurde dieser Band mit der Novaspace-Technik gedruckt, die etwa 30 Prozent mehr Farbraum ermöglicht und damit über 600.000 zusätzliche Farbnuancen, was gerade bei Food-Aufnahmen eine hohe Brillanz erzeugt. Der Effekt der Farbraumerweiterung wird unter anderem durch den Einsatz besonders reiner Pigmente erreicht. Das Resultat ist eine überraschend realistische Farbwiedergabe des Originals.

Wir wünschen viel Spaß beim Augenschmaus.